Die Wahrheit über die Botschaft von Fatima

Hellmuth Hoffmann

Die Wahrheit über die Botschaft von Fatima

4. Auflage

Rohm Verlag Bietigheim

ISBN 3-87683-157-1

Einleitung

Düstere Wolken über unserer Zukunft

Während apokalyptische Wolken ihre Schatten auf eine düstere Zukunft werfen, schwelt überall unbestimmbares Bangen vor dem Kommenden und beeinflußt Denken und Handeln von Millionen Menschen. Vor allem die Furcht vor den Schrecken eines Dritten Weltkrieges hat bereits alarmierende Dimensionen erreicht. Eine Umfrage in den USA ergab, daß fast siebzig Prozent der Bevölkerung vom Ausbruch einer mit Atomwaffen ausgetragenen Auseinandersetzung der beiden Großmächte innerhalb der nächsten drei Jahre überzeugt sind, und in europäischen Ländern kamen ähnliche Ergebnisse heraus. Zwar werden in den Oststaaten keine Meinungsumfragen durchgeführt, aber auch dort geht die Angst umher. Als kürzlich ein Meteor gleißend am nächtlichen Himmel von Moskau aufleuchtete, brach eine Panik aus. Mit dem Ruf „die Amerikaner sind da" flüchteten die Leute aufgeregt in die Keller und machten sich verzagt auf das Schlimmste gefaßt.

Nicht nur die Drohung eines atomaren Debakels alleine jedoch bildet den Nährboden eines auf der Menschheit lastenden Alpdrucks. Vielmehr hat die Angst vor der Zukunft mannigfaltige Formen, bis hin zu der Furcht vor einer kosmischen Katastrophe. Solche Überlegungen stammen nicht etwa von den mitunter spöttisch zitierten „Propheten des Untergangs", sondern von namhaften Wissenschaftlern. So etwa haben NASA-Experten festgestellt, daß etwa 800 größere Asteroiden mit einem Durchmesser von einem bis zwanzig Kilometer und noch größer die Umlaufbahn der Erde um die Sonne kreuzen. Mehrere von ihnen haben unseren Globus in den vergangenen Jahrzehnten beängstigend nahe gestreift. Ein Zusammenstoß würde den gesamten Erdkreis erschüttern und unübersehbare Folgen haben. Das Ergebnis der NASA-Inquiry wurde kürzlich der US-Regierung vorgelegt und hat dort große Betroffenheit ausgelöst.

Die immer krisenhaftere internationale Entwicklung und die sich kaleidoskopartig überstürzenden Ereignisse auf der Weltbühne veranlassen immer mehr Menschen zu der bangen Frage: Nähern wir uns der Endzeit? Dieser schon in der Bibel zitierte Begriff „Endzeit" (Matth. 24,14, 2. Tim. 3,1; 1.P. 4,7 usw.) wird unterschiedlich gedeutet. Manche sehen darin „das Ende aller Zeiten", also den totalen Weltuntergang, während andere darunter einen Wendepunkt im Weltgeschehen verstehen, ein mit schmerzlichen Geburtswehen verbundener Übergang ins Wassermann-Zeitalter.

Von unheilvollen Ahnungen erfüllt möchten Millionen Menschen erfahren, wohin der Chronos-Wagen rollt oder sie versuchen, wenigstens einen Zipfel des Schleiers zu lüpfen, den barmherzige Götter über das Fatum kommender Zeiten ausgebreitet haben. Der Büchermarkt ist gefüllt mit Literatur über Prophezeiungen, die uns Seher, Propheten und Heilige durch die Jahrhunderte hindurch hinterlassen haben.

Ausgangspunkte der Fatima-Botschaft

Während unserer Recherchen über die Fatima Botschaft sind wir mit unterschiedlichsten Aussagen, Stellungnahmen und Behauptungen konfrontiert worden, die wir alle zu Wort kommen lassen werden, weil wir glauben, damit der Wahrheitsfindung am besten zu dienen. Gerade das erscheint uns von besonderer Wichtigkeit, denn die Fatima-Botschaft verkündet gewaltige, auf die Menschheit zukommende Ereignisse, von denen „die Kräfte des Himmels erschüttert werden“ (Matth. 24,29). Gerade darum erscheint es immer mehr Gläubigen unverständlich, warum sich die Kirche darüber in grimmiges Schweigen hüllt und sogar versucht, die wenigen bisher bekanntgewordenen Passagen aus der Fatima-Botschaft zu dementieren. Wir sind auch diesen Dementis nachgegangen und kamen dabei zu erstaunlichen Feststellungen. Alles in allem ist unser Rapport das Ergebnis eingehender Untersuchungen und dürfte der erschöpfendste sein, der bisher zu diesem Thema geschrieben wurde. Zu seiner Vervollständigung haben wir auch auf eine Reihe bereits erschienener Bücher, Schriften und sonstiger Publikationen zurückgegriffen, die am Schluß dieser Serie in numerischer Reihenfolge zu einer Bibliographie zusammengefaßt sind, auf welche die im Text vermerkten Zahlen jeweils hinweisen.

So begannen die Erscheinungen

Fatima ist ein kleines Dörfchen der Provinz Estramadura in Portugal. Dort sahen die Hirtenkinder Lucia dos Santos mit den Geschwistern Jacinta und Francisco Marto an jedem 13. der Monate von Mai bis Oktober 1917 eine Marienerscheinung, die sich „Muttergottes vom Rosenkranz“ nannte. Zu diesem Zeitpunkt waren die Kinder sieben, acht bzw. zehn Jahre alt. Während der Zeit der Marienerscheinungen trugen sich eine Reihe bemerkenswerter Geschehen zu. In diesem Zusammenhang möchten wir kurz erwähnen, daß am 13. Mai 1917, dem Tag der ersten Erscheinung, der damalige Sekretär für außerordentliche kirchliche Angelegenheiten, Eugenio Pacelli, in Rom zum Titularerzbischof von Sardes ernannt wurde. 22 Jahre danach übernahm er als Papst Pius XII. den Petersstuhl in Rom.

Schon 1915 sahen die Hirtenkinder während eines Gebetes „über den Bäumen des Tales schwebend eine Wolke, weißer als Schnee, durchsichtig und von menschlicher Gestalt ...“ Als die Kinder sich im darauffolgenden Jahr gerade wieder anschickten, ihr tägliches Gebet zu verrichten, schwebte plötzlich „vom Osten her über den Wald hinweg ein glänzend weißes Licht", das „die Gestalt eines durchsichtigen Jünglings" annahm, „leuchtender wie ein von Sonnenstrahlen durchdrungenes Kristall ..." und von „überirdischer Schönheit ..."

Während der Sommermonate 1916 erblickten die Kinder diese Lichtgestalt noch mehrmals, immer in jener etwa drei Kilometer von dem Dörfchen Fatima entfernten Mulde, die den Namen „Cova da Iria" trägt. Dort hüteten sie die Schafe des elterlichen Hofes. In dieser Mulde begannen am 13. Mai 1917 die Muttergottes-Erscheinungen, von der die als Fatima-Botschaften bekanntgewordenen Offenbarungen später Millionen Menschen zutiefst aufrütteln sollten und die heute von geradezu greifbarer Aktualität geworden sind.

Seltsame Phänomene

Die Kinder waren gerade beim Spielen, als jäh „ein Blitz bei hellem Sonnenschein" aufleuchtete, der die Kinder ein aufkommendes Gewitter befürchten ließ. Es folgte „ein zweiter Blitzstrahl, noch mächtiger als der

Die drei Seherkinder aus Fatima

erste", und dann sahen die Kinder, über einer Steineiche schwebend, „in einem Lichtglanz, der heller leuchtete als die Sonne, eine wunderschöne Frau".

Die Gestalt kündigte an, jeden 13. der folgenden Monate wiederzukommen. Schon am 13. Juni 1917 fanden sich über 50 Gläubige der umliegenden Dörfer an der Steineiche ein, wo die erste Erscheinung von den Kindern gesehen worden war. Wieder kündigte ein Blitzschlag das Kommen der Muttergottes an. Einige der Anwesenden erzählten später, „eine ganz zarte Stimme wie das Summen einer Biene" vernommen zu haben. Lucia bat die Erscheinung: „Ich möchte Euch bitten, uns alle drei ins Paradies mitzunehmen." Nach der Bekundung von Lucia habe die Erscheinung geantwortet: „Ja, ich werde bald kommen, um Francisco und Jacinta zu holen. Du jedoch mußt länger hier bleiben. Jesus will sich deiner bedienen ..."

Tatsächlich starb Francisco am 4. April 1919, und zehn Monate später folgte ihm Jacinta. Beide wurden Opfer der damals in ganz Europa grassierenden „spanischen Grippe", die in diesen Jahren mehr als 20 Millionen Menschen dahingerafft hatte. Übereinstimmend wird von einem „hellen Lichtschein" berichtet, der im Moment des Hinscheidens im Sterbezimmer aufgeleuchtet war. Die letzten Worte der kleinen Jacinta lauteten: „Der Triumph unseres Herrn muß kommen. Aber vorher werden noch viele Tränen fließen." Leise habe sie noch hinzugefügt: „Ich sehe den Heiligen Vater weinen, während eine aufgeregte Menge ihn beschimpft und mit Steinen bewirft." Ihrem Leichnam sei „ein angenehmer Duft wie von wohlriechenden Blumen" entströmt, und als dieser 15 Jahre später in eine auf dem Friedhof von Fatima hergerichtete Gruft überführt wurde, war er immer noch „schön und völlig unversehrt".

So wurden die Botschaften verkündet

Bei der dritten Erscheinung am 13. Juli 1917 waren bereits an die viertausend Menschen zugegen. Viele von ihnen berichteten später von zwei heftigen Donnerschlägen, mit denen die Erscheinung angekündigt wurde und von einem leuchtenden Regenbogen, der den gesamten Umkreis in mystisches Licht tauchte. Lucia bat die Erscheinung, „ein Wunder zu wirken, damit auch die Ungläubigen bekehrt würden". Das versprach die Muttergottes für ihr Erscheinen im Oktober. Bei dieser dritten Wiederkehr verkündete Maria jene drei Botschaften, von denen zwei zwischenzeitlich bekanntgegeben wurden, während die dritte als „Geheimnis von Fatima“ immer noch in den Geheim-Archiven des Vatikans schlummert, obschon dieser Teil der Botschaft, entsprechend dem ausdrücklichen Willen der Muttergottes, im Jahre 1960 der Welt bekanntzugeben sei. Bis dahin solle der Text dem Papst in einem versiegelten Umschlag zur Aufbewahrung übergeben werden. Seitdem blickt die Welt erwartungsvoll, aber immer noch vergebens nach Rom, wo statt dessen alle erdenklichen Anstrengungen unternommen werden, um das „Geheimnis“ totzuschweigen.

Die erste der zwei anderen Botschaften war eine Sekunden anhaltende Höllenvision, um den Kindern zu zeigen, wie wichtig es sei, Seelen vor der Verderbnis zu retten. In der zweiten Verkündung sprach die Muttergottes vom baldigen Ende des damals bereits seit drei Jahren tobenden Ersten Weltkrieges. Auch das Menetekel des Zweiten Weltkrieges taucht in dieser Botschaft auf. „Wenn man auf meine Stimme hört“, heißt es darin, „wird Rußland sich bekehren und es wird Frieden sein; wenn nicht, wird es seine Irrlehren über die Welt verbreiten, wird Kriege und Kirchenverfolgungen heraufbeschwören ... verschiedene Nationen werden vernichtet, am Ende aber wird mein unbeflecktes Herz triumphieren. Der Heilige Vater wird mir Rußland weihen, das sich bekehren wird, und der Welt wird eine Zeit des Friedens geschenkt werden ... Wenn ihr eine Nacht von einem unbekannten Licht erhellt seht, dann wisset, daß dies das Zeichen ist, das Gott euch gibt ...“

Es sei in diesem Zusammenhang daran erinnert, daß es zum Zeitpunkt der Verkündung dieser Botschaft noch keine Sowjet-Union gab, sondern ein zaristisches Rußland, das auf seiten der Entente Krieg gegen Deutschland führte. Über das „Zeichen am Himmel“ vor Ausbruch des Zweiten Weltkrieges ist oft berichtet worden. Am Abend des 25. Januar 1938 leuchtete viele Stunden lang ein gespenstisches Licht über ganz Europa, das in vielerlei Farben wechselnd, mit heftiger Intensität erstrahlte und Städte, Dörfer, Täler, Hügel und Berge in ein geisterhaft-unwirkliches Licht tauchte. Durch das Münchner Abkommen im September des gleichen Jahres konnte allerdings die Kriegsgefahr noch einmal gebannt werden. Chamberlain gab sich gar der Illusion hin, den „Frieden für unsere Zeit“ gesichert zu haben.

Eine Woche vor Beginn des Zweiten Weltkrieges flakkerte wieder ein ungewöhnliches Lichtphänomen über dem nächtlichen Firmament. An diesem Abend feierte Hitler mit seinen Paladinen auf dem „Berghof" den Abschluß des Nichtangriffspaktes mit Stalin. In den Erinnerungen Albert Speers liest man darüber: „In der Nacht standen wir auf der Terrasse des Berghofes und bestaunten ... ein überaus starkes Polarlicht. Es überflutete den gegenüberliegenden, sagenumwobenen Untersberg für eine lange Stunde mit rotem Licht, während der Himmel darüber in den verschiedensten Regenbogenfarben spielte ... Gesichter und Hände eines jeden von uns waren unnatürlich rot gefärbt. Das Schauspiel rief eine eigentümlich nachdenkliche Stimmung hervor. Unvermittelt sagte Hitler zu einem seiner Adjutanten gewandt: „Das sieht nach viel Blut aus. Diesesmal wird es nicht ohne Gewalt abgehen ..."

An dieser Stelle möchten wir die Prophezeiung einer anderen Marien-Vision einflechten, die sich 1923 in schrecklicher Weise erfüllen sollte. Sie wird in dem Buch „Der Archipel GULAP" des russischen Schriftstellers Alexander Solschenizyn beschrieben. Auf der Insel Solowezk am Eingang zur Onega-Bucht erhebt sich das über 500 Jahre alte Solowezkij-Kloster, das einst religiöser und kultureller Mittelpunkt des nördlichen Rußland war. Dort lebte vor fast drei Jahrhunderten ein Mönch namens Lova. Diesem erschien, wie aus den Klosterarchiven hervorgeht, am 18. Juni 1712 die Muttergottes und forderte ihn auf, eine der Kreuzigung geweihte Kirche zu erbauen, die auf dem Klosterberg stehen solle. „Dieser Berg wird einmal den Namen ‚Golgatha' tragen", fügte sie hinzu, „den er wird eine Stätte unsäglicher Martyrien und Verzweiflung sein." Tatsächlich errichteten die Bolschewiken dort 1923 das erste Lager für politische Häftlinge, worin Zehntausende von Gefangenen ... unter grauenhaften Umständen ums Leben kamen.

Wenden wir uns nun wieder dem weiteren Geschehen in Fatima zu. Am Tage der vierten Erscheinung, dem 13. August 1917 hatten sich bereits an die zwanzigtausend Pilger nahe der Steineiche in der Cova da Iria eingefunden. Später sollten viele von ihnen berichten, einen Blitz aus heiterem Himmel gesehen zu haben, dem ein gewaltiger Donnerschlag gefolgt sei. Danach habe sich um die Steineiche eine „wunderschöne Wolke" gebildet, die sich nach etwa zehn Minuten erhoben und aufgelöst habe. Die Seherkinder aber waren nicht erschienen.

Es stellte sich heraus, daß der Bürgermeister der Stadt Vila Nova da Ourém, in dessen Verwaltungsbereich Fatima liegt, die drei Seherkinder am Morgen dieses Tages kurzerhand festnehmen und in eine Haftzelle sperren ließ. Hierzu ist zu bemerken, daß Portugal zum Zeitpunkt der Fatima-Erscheinungen von schweren Regierungskrisen geschüttelt wurde. Zwischen 1911 und 1926 bildete sich unter acht Präsidenten 44mal eine neue Regierung und die meisten von ihnen nahmen eine autoritativ-antiklerikale Haltung ein. Der erwähnte Bürgermeister namens Arturo de Oliveira Santos hatte von Lissabon einen Wink bekommen, dem „Spuk von Fatima“ ein Ende zu machen. Vor allem aber sollte er die Kinder zwingen, ihre „Geheimnisse“ preiszugeben. Allerdings hatte niemand mit dem unbeugsamen Widerstand der Seherkinder gerechnet. Sie verweigerten jede Aussage und in der Zelle sangen sie fromme Lieder oder verrichteten gemeinsame Gebete. Selbst die (sicherlich nicht ernstgemeinte) Drohung „ich werde euch in einen Topf mit siedendem Öl werfen lassen“ machte nicht den geringsten Eindruck auf sie.

Während dessen hatten die an der Steineiche versammelten Pilger erfahren, warum die Kinder an diesem Tag nicht erschienen waren. Die ohnedies seit Jahren gärende Erbitterung der Masse steigerte sich zu einer allgemeinen Entrüstung und die Männer bewaffneten sich mit Knüppeln und Steinen, womit sie „ihre“ Kinder freikämpfen wollten. Sicherlich wäre es zu einem blutigen Zusammenstoß gekommen, wenn es Manuel Marto, der Vater von Francisco und Jacinta, nicht mit viel Geduld und guten Worten fertiggebracht hätte, die aufgebrachte Menge zu beruhigen. Irgendwie aber muß der Bürgermeister erfahren haben, daß es ihm „an den Kragen“ gehen könne, denn am späten Nachmittag ließ er die Kinder wieder nach Fatima zurückbringen, ohne sie weiter „verhört“ zu haben. Die Marien-Erscheinung fand am darauffolgenden Sonntag, dem 19. August 1917, statt, aber es waren nur die Hirtenkinder anwesend. Auch diesmal hatte sich die Muttergottes durch einen Blitz angekündigt.

Nostradamus prophezeite die Fatima-Geschehnisse

In den Prophezeiungen von Nostradamus sind die Marien-Erscheinungen von Fatima und die sich daraus für die Kirche entwickelnden Probleme und Komplikationen in mehreren Vierzeilern verschlüsselt angedeutet. Wir zitieren hier Vers II/17, der die damalige Situation, aber auch den weiteren Werdegang beschreibt:

Auf dem Tempelplatz der vestalischen Jungfrau,
nicht weit entfernt von den Gottlosen und den Pyrenäen,
dorthin werden viele (Menschen) zusammengeführt, (der Grund dafür) liegt in (gemeinsamen) Krankheitsnöten verborgen.
Vom Norden her strömen Flüsse und in den Ebenen (betreibt man) Weinbau.

Mit der auch in anderen Vierzeilern wiederkehrenden „vestalischen Jungfrau“ meinte Nostradamus immer die Muttergottes, aber zu seiner Zeit wagte er das nicht niederzuschreiben. Die Zusammenführung vieler Menschen am Tempelplatz kann unmißverständlich mit dem Pilgerstrom interpretiert werden, denn die dort errichtete Gnadenkapelle wird seit langem Jahr für Jahr von über 500 000 Menschen besucht, meist Kranke und Leidende, die dort Genesung erhoffen und vielfach auch erhalten. In der letzten Zeile wird die Landschaft um Fatima beschrieben, denn in der Nähe fließen die beiden einzigen von Norden her strömenden Flüsse Portugals: der Rio Tejo und der Ria Zêzere, während in den weiten Ebenen Weinbau betrieben wird.

Nun wieder zurück zu Fatima. Besonders eindrucksvoll gestaltete sich die fünfte Erscheinung am 13. September 1917. Schon in den frühen Morgenstunden hatten sich über 30 000 Pilger im „Tal der Wunder“ eingefunden und warteten betend der Dinge, die da kommen sollten. Es war ein wunderschöner Herbsttag, und nicht ein einziges Wölkchen zeigte sich am Himmel. Plötzlich stießen mehrere Pilger einen Ruf der Überraschung aus. Sie wiesen mit dem Finger nach oben. Jetzt schauten andere ebenfalls empor, und Sekunden später brandete eine Woge großer Erregung durch die Menge. Alle sahen es ganz deutlich; später berichteten die Journalisten darüber in den Zeitungen: Langsam und majestätisch schwebte minutenlang eine Lichtkugel am wolkenlosen Himmel entlang und verschwand schließlich am Horizont.

Das war aber nur der Auftakt weiterer seltsamer Geschehnisse dieses Tages. „Zu Mittag verbreitete sich eine große Färbung über die Atmosphäre, und die Sonne verlor ihre Lebhaftigkeit.“ Unvermittelt hielt die bei der Steineiche kniende Lucia im Gebet inne und rief freudig aus: „Da ist sie! Da kommt sie!“ Wieder forderte die Erscheinung zum Rosenkranzgebet auf und regte an, mit den in immer größeren Mengen einlaufenden Spendengeldern eine Kapelle zu errichten. Während dieses Gespräches geschah eine Reihe ungewöhnlicher Dinge: „Außer der Lichtkugel und der Verminderung der Sonnenstrahlung, die so bedeutend war, daß man den Mond und die Sterne sehen konnte, begleiteten noch andere Zeichen das geheimnisvolle Zwiegespräch oder folgten ihm. Die Atmosphäre nahm eine gelbliche Färbung an, eine weiße Wolke, die auf eine gewisse Entfernung sichtbar war, umgab die Steineiche und die Seher. Vom Himmel fielen seltsame weiße Flocken, kleinen Blümchen oder Schneeflocken ähnlich, die wenige Meter über dem Erdboden verschwanden. Das letzte Phänomen wiederholte sich späterhin mehrere Male, wenn Pilgerzüge zur Cova da Iria kamen, besonders am 13. Mai 1924.

Alle bisherigen Geschehen wurden durch die ungewöhnlichen Begleitumstände und Ereignisse während der letzten Marien-Erscheinung am 13. Oktober 1917 weit übertroffen. Längst war von allen Kanzeln der Kirchen in Portugal jenes Wunder angekündigt worden, das bereits drei Monate zuvor von der Muttergottes verheißen worden war, und Lucia hatte schon am Tage darauf mit dem Pfarrer von Fatima darüber gesprochen. Auch die Zeitungen hatten ausführlich davon berichtet, wobei die Regierungspresse nicht mit höhnischen Bemerkungen über die „verworrenen Phantasiegebilde einer Massenpsychose“ sparte. Damit erreichte sie allerdings bei der gläubigen Bevölkerung das genaue Gegenteil dessen, was sie beabsichtigt hatte.

Schon am Vortage waren Zehntausende von Pilgern zur Cova da Iria gewallfahrtet und hatten dort während der Nacht im Freien kampiert. Lange vor Sonnenaufgang setzte eine wahre Völkerwanderung ein, die alle Zufahrtsstraßen zum Gnadenort überfüllte. Damals hatte das Auto noch nicht seinen Siegeszug um die Welt angetreten, und die meisten Fahrzeuge wurden von Pferden, Ochsen oder Eseln gezogen, soweit die Leute nicht zu Fuß wanderten und dabei oft viele Kilometer zurücklegten. Die meisten Bauern kamen sogar barfuß, denn es herrschte Krieg, das Schuhwerk war teuer und die Landbevölkerung Portugals lebte in bitterer Armut.

In den frühen Morgenstunden setzte leichter Regen ein, der langsam immer stärker wurde. Alle Straßen und vor allem das Gelände um die Steineiche verwandelten sich in Schmutzlachen und Morast. Gleichzeitig kam ein kalter Wind auf; die Leute waren bis auf die Haut durchnäßt und zitterten vor Kälte. Zwischenzeitlich war die Zahl der Pilger auf etwa 50 000 bis 60 000 angewachsen. Keiner von ihnen schien jedoch durch die Unbill der Witterung beeindruckt. Die Leute scharten sich in kleine Gruppen zusammen, denn einige hatten Regenschirme mitgebracht, die allerdings nur notdürftigen Schutz vor dem immer stärker niederprasselnden Regen boten. Dabei sangen sie fromme Lieder oder verrichteten Gebete.

Gegen Mittag endlich kamen die Seherkinder. Sie waren festlich gekleidet und konnten sich nur mit Mühe einen Weg durch die Menge zur Steineiche bahnen. Diese oft zitierte Steineiche bot allerdings jetzt einen traurigen Anblick. Tausende von Andenkenjägern hatten sich ein „glückbringendes Zweiglein" abgepflückt und außer dem Stamm waren nur noch ein paar kräftige Äste übriggeblieben. Davor knieten die Seherkinder nieder und beteten.

Dann bat Lucia, man möge die Regenschirme schließen. Die Menge gehorchte. Plötzlich sahen alle eine weißleuchtende Wolke, die minutenlang wenige Meter über den Kindern auf- und niederschwebte. Gleichzeitig rief Lucia verzückt aus: „Da! Ich sehe sie!" Später berichteten die Seherkinder, die Muttergottes habe ihren Wunsch zur Errichtung einer Kapelle erneuert und zum Gebet aufgefordert, wobei sie vor allem die Wichtigkeit des Rosenkranzgebetes hervorgehoben hätte. Während sich die Leuchtwolke über den Kindern langsam auflöste, hörte der Regen unversehens auf, und die Sonne lugte, zuerst zaghaft, aber dann immer leuchtender hervor. In diesem Augenblick rief Lucia: „Schauet zur Sonne hin!" Was dann geschah, ist jenes oft beschriebene Sonnenwunder von Fatima, das die Menge in einen Begeisterungstaumel ohnegleichen versetzte. Er begann mit einem Freudenschrei: „Milagre! Milagre! – Das Wunder! Das Wunder!" Die Leute fielen auf die Knie und nahmen überhaupt nicht wahr, wie der Morast dabei hochspritzte. Sie schrien, weinten und schlugen sich an die Brust.

Echte Augenzeugenberichte

Wir lassen hier einen von vielen Augenzeugenberichten folgen: „Die Sonne schien am Zenit wie eine silberglänzende Scheibe, die man ohne Anstrengung und Gefahr anschauen konnte. Sie begann, sich wie ein Feuerrad mit rasender Geschwindigkeit um sich selbst zu drehen. Dabei leuchtete sie nacheinander in allen Farben des Regenbogens und streute nach allen Seiten Lichtflämmchen und Feuergarben aus. Himmel und Erde, Felsen, Bäume und Menschen waren nacheinander in gelbe, grüne, rote und blaue Farben getaucht. Einige Augenblicke stand die Sonne still. Dann begann sie wieder dieses licht- und farbensprühende Kreisen um sich selbst, noch herrlicher als vorher. Wiederum hielt sie inne, und zum dritten Male wiederholte sich dieses Feuerwerk, das keine Phantasie sich vorstellen kann ... Mit einem Male schien es, als wenn die Sonne sich vom Firmament loslöse und in Zickzacksprüngen auf die Erde stürze ... Als die Menge wieder zu sich gekommen war, bot sich ihr eine neue Überraschung dar. Die von dem anhaltenden Regen völlig durchnäßten Kleider waren in wenigen Minuten vollständig trocken geworden ..."

Die großen Zeitungen Portugals hatten ihre Redakteure zum Gnadenort geschickt. Offensichtlich hatten sie alle das Sonnenwunder gesehen, denn am folgenden Tag berichteten sie darüber in zum Teil ausführlichen Reportagen, aus denen ihre Emotionen noch deutlich nachklangen. Später erfuhr man, daß in einigen Ortschaften im Umkreis bis zu 40 Kilometern von Fatima entfernt „einige Leute das Sonnenwunder" bemerkt hatten und sogar im 160 Kilometer entfernten Praia da Graja gab es „Personen, die die Kreisbewegung der Sonne sahen".
Damals schon begannen in Portugal Gerüchte zu kreisen, die Marianischen Visionen der Hirtenkinder und die ihnen verkündeten Offenbarungen ständen in Zusammenhang mit einer auf die Menschheit zukommenden Katastrophe gewaltigen Ausmaßes oder enthalte gar die Ankündigung des Weltenendes.

In der darauffolgenden Zeit sollte es nicht an Kritikern fehlen, die das Sonnenwunder von Fatima als „natürliche Erscheinung" erklärten. Manche sprachen auch von einer „Halluzination" oder einer Art „Massensuggestion". Stellvertretend für viele Kritiker lassen wir Josef Hanauer zu Wort kommen, ein Hoimar v. Ditfurth in Westentaschenformat, der seine Skepsis zu den Fatima-Erscheinungen in einem 150 Seiten umfassenden Buch zusammengefaßt hat. „Wenn über das Sonnenwunder von Fatima berichtet wird, gewinnt man den Eindruck, als ob es so ziemlich alle Schaulustigen erlebt hätten", gibt Hanauer zu bedenken und fragt: „Wer hätte auch jene etwa 60 000 Personen über ihre Eindrücke befragen wollen oder können? ... Nicht alle in der Cova da Iria Versammelten waren Zeugen des Sonnenwunders ... Beim ‚Sonnenwunder' in Fatima dreht es sich wie bei Parallelfällen offensichtlich lediglich um natürliche Lichterscheinungen ..., von den auf Wunder Wartenden als außerordentlich empfunden ..., offenbar handelt es sich bloß um suggestive Eindrücke, nicht um ein objektives Geschehen ..."

Die Vermutung Hanauers, es habe sich möglicherweise um eine Massensuggestion gehandelt, widerlegt sich alleine damit, daß das Sonnenwunder nicht nur am Gnadenort beobachtet wurde, sondern an unterschiedlichsten Plätzen in einem größeren Umkreis und unabhängig voneinander. Der Umstand, „daß nicht alle in der Cova da Iria das Sonnenwundererlebnis sahen oder wenigstens nicht alle Phasen desselben", meint Hermann Netter, „ist kein Beweis gegen den göttlichen Ursprung dieses Zeichens! Aber die Tatsache, daß es viele Leute sahen, die es nicht sehen wollten ... ist ein untrügliches Zeichen dafür ..."

Pius XII. sprach öfter in engem Kreis von einem Sonnenwunder, das er an vier Nachmittagen Ende Oktober und Anfang November 1942 im Garten des Vatikans beobachtet habe. Das ist ebenfalls vielfach angezweifelt worden oder wurde als Sinnestäuschung hingestellt. So etwa wies „Neue Bildpost" (Nr. 5/76) in diesem Zusammenhang auf die „schwachen Augen" von Pius XII. hin, die „normalerweise kaum noch in der Lage" gewesen seien, „ein Naturphänomen dieser Art überhaupt wahrzunehmen". Wer das liest, bekommt den Eindruck, Pius XII. sei bereits 1942 so erblindet gewesen, daß er nicht einmal mehr die Sonne habe sehen können. Da Pius XII. erst 1958 starb, hätte ein blinder Papst noch wenigstens 16 Jahre lang das Pontifikat bekleidet, ohne daß es jemandem aufgefallen wäre.

Fatima und die Kirche

Nun sollte man meinen, die vielen besonderen Umstände der Geschehnisse in Fatima wären für die Kirchenbehörden in Rom Veranlassung genug gewesen, sofort eine zügige Untersuchung einzuleiten. Gerade hierzu aber mochte sich der damalige Papst Benedikt XV. scheinbar nicht aufraffen. Später hat es „Kontroversen darum gegeben, warum der Vatikan die Geschehnisse in Fatima jahrzehntelang ‚prüfte', ohne zu ihnen Stellung zu nehmen. Der österreichische Autor Peter Pracher macht Rom den Vorwurf, es hätte die ganze Sache am liebsten totgeschwiegen und einschlafen lassen, sei dann aber durch den zunehmenden Strom von Pilgern genötigt worden, etwas zu tun ..."
Seitens des Heiligen Offiziums wird dem entgegengehalten, daß

sich Marianische Visionen, besonders in den vergangenen Jahrzehnten, in auffallender Weise gehäuft hätten. „Es gibt 200 fast ausschließlich weibliche Visionäre in Italien, die behaupten, die Madonna zu sehen und Botschaften zu empfangen. Wo kämen wir hin, wenn wir sie alle ernst nähmen?" Zur Zeit der Fatima-Erscheinungen jedoch waren sie selten. Ihre Zunahme wird heute von vielen sogar als eines der Endzeitzeichen gedeutet, womit wir allerdings nicht sagen möchten, daß es sich in jedem einzelnen Falle um authentische Visionen handelt. Außer Fatima hat die Kirche jedenfalls in diesem Jahrhundert bisher nur drei weitere Marienerscheinungen offiziell anerkannt (Beauraing, Banneux und Syrakus). Wir können in diesem Zusammenhang allerdings keine Betrachtungen oder gar Untersuchungen darüber anstellen, welche Unterschiede die Kirche zwischen Fatima und Erscheinungen in Heroldsbach, La Salette, Garabandal oder San Damiano macht, um nur einige wenige Erscheinungsorte zu nennen, die der Vatikan nicht gelten läßt.

Lucia geht ins Kloster

Im Jahre 1921 trat Lucia dos Santos in das Kloster der heiligen Dorothea in Oporto ein. Auch dort erschien ihr, wie aus ihren Niederschriften hervorgeht, oftmals die Muttergottes. Heute (1982) ist Lucia 75 Jahre alt und seit 1948 lebt sie in strenger Klausur im Karmelitenkloster in Coimbra, das sie nur ein einziges Mal anläßlich des Besuches von Paul VI. in Fatima verließ. Ihr Eintritt in den Karmelitenorden erfolgte „mit ausdrücklicher Genehmigung des Heiligen Stuhles, um zu verhüten, daß sie durch Neugierige gestört würde". Böse Zungen behaupten allerdings, die strenge Klausur müsse eher als eine der Anordnungen des Heiligen Offiziums angesehen werden, um das „Geheimnis von Fatima" besser hüten zu können. Trotz dieser Vorsichtsmaßnahmen soll es einmal ausgerechnet durch Dr. Augustin Fuentes, einem Priester der mexikanischen Erzdiözese Veracruz, zu einer die dritte Botschaft betreffenden Indiskretion gekommen sein, die mit einem Skandal endete. Dr. Fuentes war zu dieser Zeit Römischer Postulator im Seligsprechungsprozeß von Francisco und Jacinta Martos, den beiden anderen Seherkindern von Fatima. Wir werden auf den „Fall Fuentes" noch zurückkommen.

Während der Jahre im Kloster der heiligen Dorothea begann Lucia mit der Niederschrift der ihr gemachten Offenbarungen. Zuvor war sie immer wieder, durch Jahre hindurch, langen Unterfragungen durch viele kirchliche Autoritäten unterworfen worden. Wie umfassend diese Befragungen waren, mag man daran erkennen, daß eine Studiengruppe geistlicher Gelehrter derzeit damit beschäftigt ist, die erste kirchlich-offizielle Geschichte über die Geschehnisse in Fatima zusammenzustellen, die aus insgesamt dreizehn dickleibigen Bänden bestehen wird, von denen zehn nur Reproduktionen von Dokumenten enthalten sollen. Was diese Fatima-Monographie im einzelnen enthalten wird, bleibt abzuwarten. Mit Sicherheit aber steht heute bereits fest, daß man den eigentlichen Kern der Verkündung, also den textlichen Inhalt der dritten Botschaft, vergeblich darin suchen wird.

Ein Labyrinth von Gerüchten

Die beiden ersten Teile der Fatima-Botschaft sind längst offiziell bekanntgegeben worden. Die erste enthielt die bereits beschriebene Höllenvision, während in der zweiten, neben einem Aufruf zur Buße und Umkehr, vor allem zur Weihe Rußlands an das „unbefleckte Herz der Muttergottes vom Rosenkranz" und zur Abhaltung einer Sühnekommunion an den ersten Samstagen des Monats aufgefordert wurde. Worin jedoch das Geheimnis der dritten Botschaft besteht, darüber kursieren seit Jahrzehnten so viele Gerüchte, Versionen, offizielle und offiziöse Mitteilungen, daß es für einen nach Gewißheit strebenden Chronisten schwierig ist, sich nicht in einem Dschungel von Informationen zu verirren und damit seine Bemühungen, der Wahrheit so nahe wie möglich zu kommen, scheitern würden.

Erstpublikation löste schweren Schock aus

Als die Zeitschrift „Neues Europa" am 15. Oktober 1963 erstmals einen Text veröffentlichte, der die Überschrift „Die dritte Botschaft von Fatima" trug, wirkte die Publikation in gewissen katholischen Kreisen wie eine Bombe und im Vatikan selber soll sie tiefe Bestürzung ausgelöst haben. Zu einem offiziellen Dementi ist es bis heute nicht gekommen, was sonst sicherlich angesichts des aufwühlenden und dramatischen Inhaltes, wäre er unzutreffend gewesen, sicherlich prompt erfolgt wäre.

Louis Emrich, der Herausgeber von „Neues Europa" hatte damals geschrieben, daß der Text der Fatima-Botschaft zu dieser Zeit „in diplomatischen Kreisen von Washington, London und Moskau zirkulierte und bei der Unterzeichnung des Atomteststopp-Abkommens vom August dieses Jahres (1963) mit eine maßgebliche Rolle gespielt" habe. In der Ausgabe vom 1. Dezember 1963 kam Emrich noch einmal auf das Thema zurück, wobei er auch die Reaktion auf seine Publikation vom 15. Oktober 1963 erwähnte. Auf der einen Seite habe sie „große Anerkennung und allgemeine Zustimmung gefunden, auf der anderen Seite aber auch anmaßende Arroganz, offene Zweifel und billigen Spott ausgelöst“. Anderes erwarten wir ebenfalls nicht von dieser Veröffentlichung. Immerhin können wir für uns in Anspruch nehmen, daß wir uns redlich darum bemüht haben, alle erreichbaren Quellen und Informationen sowie darüber hinaus die Ergebnisse eigener Recherchen auszuschöpfen. wir sind nämlich der Ansicht, daß die Zeit dafür überreif geworden ist.

Nach der Publikation Emrichs wurde die Vermutung geäußert, der am 21. 6. 1963 gewählte Papst Paul VI. habe in einem privaten Friedensappell an Kennedy und Chruschtschow Auszüge aus der Fatima-Botschaft zitiert und hätte damit zum Abkommen über den Stopp der Atombombenteste beigetragen. Dadurch habe nicht ausbleiben können, daß zahlreiche Mitglieder diplomatischer Kreise von diesem Teil der Fatima-Botschaft Kenntnis erhielten und Emrich auf diesem Wege in den Besitz der von ihm veröffentlichten Abfassung gekommen sei. Die Wirklichkeit sieht, wie wir gleich bemerken werden, etwas anders aus. Jedenfalls hatte Emrich damals und auch später wiederholt betont, daß die Originaltexte der Fatima-Botschaft nach wie vor Geheimnis des Vatikans seien.

Über den Weg der Fatima-Botschaft beziehungsweise Teilen daraus zu Staatsoberhäuptern und Regierungstellen, die Emrich mit „diplomatische Kreise“ umschrieben hatte, liegt uns allerdings noch eine andere Version vor. Demzufolge soll Johannes XXIII. auf dem Höhepunkt der Kuba-Krise im Oktober 1962 Chruschtschow und Kennedy den später von Emrich publizierten Teil der Fatima-Botschaft durch Sonderkuriere zugestellt haben. Außerdem habe der damalige birmanische Diplomat U Thant, der zu diesem Zeitpunkt interimistischer Generalsekretär der Vereinigten **Nationen war, eine Abschrift davon erhalten. Ausgelöst worden war diese Krise durch die Lieferung weitreichender sowjetischer Raketen an das Castro-Regime und den Bau von Abschußrampen auf Kuba. Zu einer dramatischen Zuspitzung kam es, als Kennedy ein Embargo über alle zu der Insel fahrenden Schiffe verhängte (die vor allem solchen unter sowjetischer Flagge galt) und dieses unmißverständlich durch Entsendung von US-Kriegsschiffen unterstrich.**

Die Welt hielt damals den Atem an und zitterte in verhaltener Erregung auf die

Reaktion Chruschtschows, denn die kategorische Geste wurde allgemein als ostentative Herausforderung gedeutet, die Chruschtschow allerdings provoziert hatte. Viele waren jedenfalls davon überzeugt, daß die einzige Antwort der Sowjet-Union nur in einem Atomschlag gegen die USA bestehen könne. Sie sollten sich indes täuschen, denn am Morgen des 28. Oktober 1962 läutete bei Kennedy das „Rote Telefon". Am anderen Ende der Leitung meldete sich der Kremlgewaltige und erklärte sich ohne große Umschweife zum Abbau der Abschußrampen und der bereits in Kuba installierten Raketen bereit. Man kann mit einiger Gewißheit davon ausgehen, daß U Thant damals keineswegs nur am Fenster stand und tatenlos zusah, was auf der Weltbühne geschehen würde. Darum macht es nachdenklich, wenn die Welt niemals genauer erfuhr, welche Rolle er bei der Beilegung der Kuba-Krise tatsächlich gespielt hatte und inwieweit dabei möglicherweise der ihm vermutlich zugänglich gemachte Text der Fatima-Botschaft mitwirkte. Fest steht jedoch, daß U Thant wenige Tage später mit ausdrücklicher Zustimmung der Großmächte für fünf Jahre zum regulären Generalsekretär der Vereinigten Nationen gewählt und diese Wahl im Dezember 1966 noch einmal für den gleichen Zeitraum bestätigt wurde.

Über die Hintergründe des Zustandekommens der „diplomatischen Version" in „Neues Europa" erfuhr Professor Dr. Hans Bender erstmals in einem Gespräch mit Frau Hella Emrich, damals engste Mitarbeiterin ihres 1974 verstorbenen Mannes. Dieses Gespräch fand im September 1981 statt und Professor Bender berichtete darüber in Nr. 3—4/81 der in Freiburg erscheinenden „Zeitschrift für Parapsychologie und Grenzgebiete der Psychologie": „Nachdem ihr Mann sich schon längere Zeit vor der Veröffentlichung am 15. Oktober 1963 mit Fatima befaßt hatte und schon Informationen über den wahrscheinlichen Inhalt des vom Vatikan gehüteten „Staatsgeheimnisses" erhalten hatte, besuchte ihn ein Pater aus dem Vatikan, der aber ausdrücklich betonte, daß er nicht im Auftrage des Vatikans komme. Das Gespräch zwischen ihrem Mann und dem Pater fand unter vier Augen statt und dauerte den ganzen Vormittag. Ihr Mann habe sich danach geäußert, er könne verstehen, warum das geheimgehalten werde. Man wolle die Menschen nicht beunruhigen. Es sei ganz schrecklich, was da auf uns zukomme, die Apokalypse. Jetzt müsse und könne er darüber schreiben, um zu warnen, denn er habe jetzt übereinstimmende Informationen. Nach seinen Notizen habe ihr Mann dann die „diplomatische Version des dritten Geheimnisses von Fatima" zusammengestellt. Nach der Veröffentlichung habe ihn Abbé Boyer, der französische Fatima-Forscher, besucht, der dann den Text in Frankreich bekanntmachte. Auf die Frage nach dem Motiv des Paters sagte Frau Emrich: „Er war Leser von „Neues Europa" und hat Nummern aufgehoben, in denen mein Mann den Zweiten Weltkrieg voraussagte. Er hat das Gefühl gehabt, daß es höchste Zeit ist, den Menschen die Augen zu öffnen und zu sagen, was uns noch alles bevorsteht. So fand er es dringend notwendig, meinen Mann zu sehen und mit ihm zu sprechen ..." Frau Emrich bestätigte uns die Richtigkeit des Inhaltes ihres Gespräches mit Professor Bender. Wir erfuhren bei dieser Gelegenheit, daß die Unterredung mit dem Pater aus Rom in deutscher Sprache geführt worden war. Irgendwelche Unterlagen habe der geheimnisvolle Pater bei dieser Gelegenheit nicht hinterlassen. Er habe nicht einmal seinen Namen nennen wollen.

Wie „gläubig" war Chruschtschow?

Inwieweit die Fatima-Botschaft die Entschlüsse der Staatsmänner tatsächlich beeinflußt hat, ist natürlich schwer zu beurteilen. Manche meinen sogar, die Annahme, ausgerechnet Chruschtschow hätte sich von ihr beeindrucken lassen, sei reichlich naiv, weil dieser als prominenter Vertreter des dialektischen Materialismus alle kirchlichen und religiösen Dinge grundsätzlich ablehne und darüber hinaus zu diesem Zeitpunkt besonders krasse Differenzen zwischen der Sowjet-Union und dem Vatikan bestanden hätten.

Tatsächlich gab es jedoch, wie wir noch sehen werden, zu diesem Zeitpunkt geheime Dialoge zwischen Johannes XXIII. und Chruschtschow. Dem Argument der atheistischen Einstellung Chruschtschows ist entgegenzuhalten, daß dieser auf einem kleinen Bauernhof im Gouvernement Kursk mehr als zwei Jahrzehnte in eine Umgebung hineinwuchs, die nicht nur einen typisch religiösen Charakter hatte, sondern auch von Aberglauben, Mystik und Orakelwesen geprägt war, wie man es um die Jahrhundertwende, und vielfach selbst heute noch, überall bei der Landbevölkerung beobachten kann.

Wer schließlich die damals zwischen dem Vatikan und der Sowjetunion bestehende unübersehbare Animosität als Grund dafür anführt, diese alleine hätten Johannes XXIII. davon abgehalten, seine Fühler zum Kreml auszustrekken, sei daran erinnert, daß gerade dieser Papst mit einer Fülle ungewöhnlicher Entschlüsse hervortrat, von denen einige weltweites Aufsehen erregten

(z. B. Einberufung des Vatikanum II). Bei der Kuba-Krise ging es letztlich um die Erhaltung des Weltfriedens. Ausgerechnet dabei sollte der Papst mit den Händen im Schoß danebengestanden haben? Von den damals jedoch tatsächlich bestandenen privaten Kontakten zwischen Johannes XXIII. und dem Kremlgewaltigen hatte die Öffentlichkeit niemals etwas erfahren.

Die päpstlichen Sonderkuriere sollen ihre Flüge nach Moskau, Washington und New York am 25. November 1962 angetreten haben. Wer die Geschichte von Angelo Giuseppe Roncalli, dem späteren Papst Johannes XXIII. aufmerksam verfolgt, wird bald bemerken, daß die Zahl 25 in seinem Leben immer eine bedeutsame Rolle spielte. Geboren wurde er am 25. November 1881, am 25. Juni 1899 erhielt er die Minoristen-Weihe, am 25. April 1925 wurde er Titular-Erzbischof und Apostolischer Visitator für Bulgarien, am 25. März 1958 weihte er die unterirdische Basilika in Lourdes und dedizierte sie Pius X. und schließlich verkündete er am 25. Januar 1959 der Welt seinen Entschluß, ein ökumenisches Konzil einzuberufen. Die Beispiele könnten noch erheblich erweitert werden. Außer der Beauftragung seiner Sonderkuriere zu den bereits genannten Staatsmännern verkündete Johannes XXIII. am gleichen 25. November 1962 (seinen Geburtstag) einen Friedensappell an alle Machthaber der Welt, womit er die Sondermission seiner Geheimbeauftragten vor den Augen der Welt taktisch überdeckte.

Schrieb Lucia die Botschaften wörtlich nieder?

Bevor wir uns dem eigentlichen Text der dritten Botschaft zuwenden, soll noch kurz geschildert werden, wie dieser zu Papier gebracht wurde und schießlich in den Vatikan gelangte. Fest steht auf jeden Fall, daß Lucia erst im Jahre 1943 die ihr gemachten Offenbarungen des „Dritten Geheimnisses" niederschrieb, mit anderen Worten also 26 Jahre nach den Erscheinungen. Kritiker werfen ein, daß Lucia zum Zeitpunkt der Verkündungen ein zehnjähriges Kind gewesen sei und die Botschaft eine Reihe von Begriffen enthalte, deren Bedeutung sie zu diesem Zeitpunkt überhaupt nicht kannte. Außerdem übersteige es die Fähigkeiten des menschlichen Gedächtnisses bei weitem, einmal Gehörtes 26 Jahre später noch so vollständig in der Erinnerung behalten zu haben, um es lückenlos oder gar wörtlich zu Papier bringen zu können. Solche Einwände sind natürlich nicht ohne weiteres von der Hand zu weisen. Andere Kritiker weisen darauf hin, daß die Formulierungen in der bekanntgewordenen „diplomatischen Abfassung" der Fatima-Botschaft nicht dem Stil Lucias entsprächen.

Diesen sind jedoch eine Reihe wesentlicher Fakten entgegenzuhalten. Zunächst einmal wäre festzustellen, daß die kirchlichen Behörden in Portugal von Beginn an ungemeines Interesse an den Erscheinungen in Fatima und den dabei verkündeten Botschaften zeigten, weitaus mehr auf jeden Fall, als es dem Heiligen Offizium in Rom lieb war. Das mag zum Teil an der damaligen politischen Lage in Portugal gelegen haben, dessen Regierungen zu dieser Zeit eine ausgeprägt kirchenfeindliche Haltung hatten und die Fatima-Erscheinungen für die Kirche ein willkommenes Gegengewicht darstellten, weil diese auf weite Kreise der Bevölkerung, besonders in den ländlichen Gebieten, einen nachhaltigen Eindruck hinterlassen hatten, den die Kirchen in Portugal eifrig pflegten. Jedenfalls wurde Lucia in allen Jahren bis zur endgültigen Niederschrift fortgesetzt langen kanonischen Verhören unterworfen. Alleine dadurch war das Gedächtnis immer wieder angeregt und neu aufgefrischt worden. Bei diesen Verhören entstand eine Fülle von Dokumenten, aus deren Sichtung und Studium sich schließlich eine Art Fatimologie entwickelte. Heute gibt es in Portugal eine Reihe kirchlicher Fatima-Experten, die unter Leitung von Padre José Geraldes Freire stehen, einem Professor der Philologie an der Universität in Coimbra.

Lucia selber hat bei diesen Verhören öfter durchblikken lassen, daß ihr immer wieder die Muttergottes erschienen sei und ihr beigestanden habe, „das Geheimnis Wort für Wort" aufzuschreiben. „Auch habe ich die Worte genau in der Reihenfolge geschrieben, wie sie ausgesprochen worden waren", sagte sie bei einer der kanonischen Verhöre. Bei anderer Gelegenheit schrieb sie: „Nicht wenige Personen haben sich gewundert über das Gedächtnis, das Gott mir zu gewähren sich würdigte." Ein anderes Mal antwortete Lucia: „Ich spüre bei den Verhören immer eine innere Stimme, die mir die Antworten eingab . . ." In der Einleitung zu ihrer „Vierten Erinnerung" schließlich schrieb Lucia: „Ich weiß, daß ich nichts sage noch schreibe, was von mir kommt und ich danke Gott für den Beistand des Heiligen Geistes, der, wie ich fühle, mir das eingibt, was ich schreiben oder sagen soll . . ."

Das von Lucia niedergeschriebene Original der „Dritten Botschaft von Fatima" ist, wie auch alle übrigen Schriften von ihr, in portugiesischer Sprache abgefaßt. Im Vatikan mußte zur Übersetzung der im Staatssekretariat tätige Monsignore Paul José Tavares hinzugezogen werden. Es ist nicht überliefert, in welcher Sprache dieser die Übersetzung vornahm, doch ist anzunehmen, daß sie zumindest in Lateinisch und Italienisch erfolgte. Aus einer dieser beiden Sprachen dürfte später die Fassung angefertigt worden sein, die alsdann in „diplomatischen Kreisen“ kursierte und sicherlich in Englisch aufgesetzt war. Es ist nicht völlig auszuschließen, daß auch eine Übersetzung ins Russische erfolgte (für Chruschtschow), die dann in kyrillischen Buchstaben niedergeschrieben worden wäre.

Wer sich jemals mit Übersetzungen befaßt hat, kennt die dabei auftretenden Schwierigkeiten, weil jede Sprache ihre eigenen Ausdrucksformen, Wendungen und Satzstellungen hat, an denen wortgetreue Übersetzungen scheitern würden. Darum muß der Dolmetscher vor allem bestrebt sein, den Sinn der Aussage in seiner Grundsubstanz zu erhalten. Je öfter ein Text von einer Sprache in eine andere übertragen wird, um so mehr verliert sich dabei der ursprüngliche Stil, nur die Substanz bleibt erhalten und auch diese nur, wenn ein fähiger Dolmetscher daran tätig war.

Durch das Gespräch von Prof. Bender mit Frau Emrich wissen wir jetzt, daß die Publikation in „Neues Europa“ der Kernpunkt eines mehrstündigen Gespräches zwischen dem Pater aus Rom und Louis Emrich war und dieser den Text **dem Sinne nach** formuliert hatte. Es handelt sich also nicht um die Abschrift oder Übersetzung eines von Lucia niedergeschriebenen Originaltextes.

Diese von Emrich niedergeschriebene Fassung ist in den nachfolgenden Jahren, und praktisch bis zum heutigen Tag, Grundlage aller Veröffentlichungen gewesen. Sie wurde seitdem in viele andere Sprachen übersetzt. Wir sind auf diesen Punkt deshalb besonders ausführlich eingegangen, weil damit klar wird, daß die in diplomatischen Kreisen kursierende Fassung anders gewesen sein muß, als jene aus „Neues Europa“. Nur diese aber wurde Ausgangspunkt aller späteren Publikationen. Man kann jedoch davon ausgehen, daß beide Abfassungen – Emrich-Text und diplomatischer Wortlaut – dem Inhalt nach identisch miteinander sind. Das hatte auch der Pater aus Rom bei seinem Gespräch mit Emrich bestätigt, denn er bezog sich dabei auf den „in diplomatischen Kreisen kursierenden Text“, der ihm also offensichtlich bekannt war. Emrich selber hatte des öfteren darauf hingewiesen, daß seine Veröffentlichung nicht der offizielle Wortlaut der Fatima-Botschaft ist. Im Sprachgebrauch wird ohnedies der durch die Emrich-Publikation bekanntgewordene Teil der Fatima-Botschaft meist die „diplomatische Fassung" genannt, obschon er mit dem Text, den seiner Zeit die Staatsmänner erhielten, nur dem Sinne nach übereinstimmt.

Die Botschaft sollte 1960 bekanntgegeben werden

Die von Lucia niedergeschriebene dritte Fatima-Botschaft, die der Papst dem ausdrücklichen Willen der Muttergottes entsprechend im Jahre 1960 der Welt verkünden sollte, wurde 1944 dem Erzbischof von Leiria, Monsignor José Alvas Cerreida da Silva, in einem versiegelten Umschlag übergeben und von diesem 1957 an das Heilige Offizium im Vatikan weitergeleitet. Da Silva hat es übrigens immer abgelehnt, vom Inhalt des „dritten Geheimnisses" Kenntnis zu nehmen, doch möchten wir über den Grund dafür keine Spekulationen anstellen. Der am 9. Oktober 1958 verstorbene Pius XII. hat das versiegelte Dokument ungeöffnet an seinen Nachfolger hinterlassen. Um es jedoch genauer zu präzisieren: Pius XII. hat das Dokument niemals vom Heiligen Offizium angefordert, der es in Verwahr genommen hatte. Damit steht fest, daß er den Inhalt der „dritten Botschaft" niemals las, wie mitunter behauptet wird. Es kursieren allerdings Gerüchte, wonach ihm der Text in großen Zügen bekanntgewesen sei, noch bevor das versiegelte Dokument nach Rom kam. Irgendwelche Bestätigungen für dieses Gerücht gibt es jedoch nicht.

Das ist der bisher bekannte Fatima-Text

Der gesamte bisher bekanntgewordene Wortlaut, der aber keineswegs – wir betonen es nochmals – die offizielle oder gar vollständige Fassung der dritten Botschaft von Fatima darstellt, lautet folgendermaßen: „Habe keine Angst mein Kleines, denn ich bin die Muttergottes, die zu dir spricht und ich bitte dich, diese Botschaft der ganzen Welt zu verkünden, Wenn du dies tust, wirst du auf starken Widerstand stoßen. So höre gut zu und passe auf, was ich dir erzähle. Die Menschen sollten sich bessern. Demütig müssen sie um Vergebung der Sünden bitten, die sie begangen haben und die sie begehen mögen.

Über die ganze Menschheit wird eine große Züchtigung kommen, noch nicht heute und noch nicht morgen, aber in der zweiten Hälfte des zwanzigsten Jahrhunderts. Was in La

Salette bereits durch die Kinder Melanie und Maximin zum Ausdruck kam, wiederhole ich dir gegenüber, denn die Menschheit ist nicht den Weg gegangen, wie es Gott, mein Vater, erwartete (andere Übersetzung: denn die Menschheit hat sich nicht so entwickelt, wie der Himmel es erwartet). Sie hat gefrevelt (gesündigt) und das Geschenk, das ihr gegeben wurde, mit Füßen getreten.

Nirgendmehr herrscht Ordnung. Selbst in den höchsten Stellen regiert Satan und bestimmt den Gang der Dinge. Er wird es verstehen, sogar in die höchsten Stellen der Kirche einzudringen (Anm. d. Verf.: dieser Satz fehlt in einigen Publikationen). Es wird ihm gelingen, die Köpfe großer Wissenschaftler zu verwirren, die Waffen zu erfinden, mit denen man die Hälfte der ganzen Menschheit (andere Fassung: „große Teile der Menschheit" – erw. Wortlaut: „mit denen man die ganze Menschheit) in wenigen Minuten vernichten kann! Er wird die Mächtigen der Völker in seinen Bann schlagen und sie veranlassen, daß diese Waffen in Massen erzeugt werden (andere Fassung: „eine gewaltige Zahl dieser Waffen herzustellen").

Wenn sich die Menschheit dagegen nicht wehrt, werde ich gezwungen sein, den Arm meines Sohnes Jesus Christus fallen zu lassen. (Wenn die hohen Spitzen der Welt und der Kirche sich dem nicht widersetzen.) Siehe, Gott wird dann die Menschen strafen, noch härter und noch schwerer, als er sie durch die Sintflut gestraft hat. Und die Großen und Mächtigen werden dabei genauso zugrunde gehen wie die Kleinen und Schwachen. Aber auch für die Kirche kommt eine Zeit (aller) schwerster Prüfungen. Kardinäle werden gegen Kardinäle und Bischöfe gegen Bischöfe sein! Satan tritt mitten in ihre Reihen. (Dieser Satz fehlt in zahlreichen Veröffentlichungen.) Auch in Rom wird es große Veränderungen geben. Was faul ist fällt und was fällt, soll nicht gehalten werden.

Die Kirche wird sich verfinstern und die Welt gerät in große Bestürzung, der große (große) Krieg fällt in die zweite Hälfte des zwanzigsten Jahrhunderts (erw. Wortlaut: Gegen das Ende des zwanzigsten Jahrhunderts wird kommen eine Zeit, also noch vor der nächsten Jahrtausendwende, in welcher die Kirche in höchste Not gerät. Eine allgemeine Kirchenfeindlichkeit breitet sich aus. Helle Flammen werden aus den Gemächern des Vatikans schlagen. Die Kirchenfeindlichkeit wird größer und größer, sie wird nicht nur den Vatikan, sondern auch zahlreiche andere Kirchen erfassen.

Wehe, wenn die Zeit kommt. In jener Zeit wird Italien eine andere politische Richtung haben. Im Vatikan wird es zu scheußlichen Szenen kommen. In der zweiten Hälfte des zwanzigsten Jahrhunderts wird in Südwestasien Krieg entstehen, in dem sich Ost und West gegenüberstehen, wird kommen eine große Katastrophe am Suez-Kanal und später wieder ein Großkampf zwischen Ost und West.)

Feuer und Rauch werden (dann) vom Himmel fallen und die Wasser der Ozeane werden verdampfen und die Gischt wird gen Himmel zischen und alles wird umstürzen, was aufrecht steht. Und Millionen und Abermillionen von Menschen werden von einer zur anderen Stunde ums Leben kommen und die, welche dann noch leben, werden diejenigen beneiden, die tot sind. Drangsal wird sein, wohin man schaut und Elend auf der ganzen Erde und Untergang in allen Ländern.

Siehe, die Zeit kommt immer näher und der Abgrund wird immer größer und es gibt keine Rettung und die Guten werden mit den Schlechten sterben und die Großen mit den Kleinen und die Kirchenfürsten mit ihren Gläubigen und die Herrscher der Welt mit ihren Völkern und überall wird der Tod regieren, von irrenden Menschen zu seinem Triumph erhoben und von Knechten Satans, der dann der einzige Herrscher auf Erden ist. Es wird eine Zeit sein, die kein König und Kaiser und kein Kardinal und Bischof erwartet. Und sie wird dennoch kommen nach dem Sinn meines Vaters, um zu strafen jene, die bestraft werden müssen.

Später aber, wenn die, die alles überstehen, noch am Leben sind, wird man erneut nach Gott und seiner Herrlichkeit rufen und Gott wieder dienen wie einst, als die Welt noch nicht so verdorben war. Ich rufe auf alle wahren Nachfolger meines Sohnes Jesus Christus, alle wahren Christen und die Apostel der letzten Zeit!"

Die Zeit der Zeiten kommt und das Ende, wenn die Menschen sich nicht bekehren und diese Bekehrung nicht von oben kommt, von den Regierenden der Welt und den Regierenden der Kirche. Doch wehe, wehe, wenn diese Bekehrung nicht kommt und alles bleibt, wie es ist, ja alles noch viel schlimmer wird! Gehe hin mein Kind und verkünde das! Ich werde dir dabei helfend zur Seite stehen. (Gehe hin mein Kleines und erzähle es jedem. Ich werde immer an deiner Seite sein und dir helfen.)"

Auf einen weiteren Zusatz, der in der Emrich-Fassung enthalten ist, in den meisten Nachdrucken jedoch überraschenderweise fehlt, werden wir später noch zurückkommen. Gerade dieser Zusatz erscheint uns nämlich von besonderer Bedeutung, denn er enthält den Schlüssel für alle nachfolgenden Verwirrungen um das „Geheimnis".

In bezug auf die Emrich-Publikation fragt Peter Andreas: „War die Veröffentlichung in ‚Neues Europa' eine absichtliche Indiskretion? Ist es denkbar, daß eine mit diplomatischen Aufgaben betraute Persönlichkeit im Vatikan eine inoffizielle und abgeschwächte Version der geheimen Botschaft verfaßte und diese dann in den drei Hauptstädten zirkulieren ließ, um sozusagen das Meinungsklima im Sinne der päpstlichen Initiative zu beeinflussen? ... Die Witwe Louis Emrichs, die zugleich seine engste Mitarbeiterin war, hat dieser Vermutung in einem Gespräch mit dem Autor nicht widersprochen ... (Die Publikation) hatte den zusätzlichen Vorteil, daß die Kurie sich nicht mit ihr zu identifizieren brauchte ..."

Überraschende Widersprüchlichkeiten

Beim Lesen der verschiedenen Versionen, die uns in deutscher, französischer und italienischer Sprache vorliegen, sind uns – abgesehen von einigen verwirrenden Passagen des erweiterten Wortlautes, worauf wir noch zurückkommen werden – einige erstaunliche Abweichungen aufgefallen. So etwa fanden wir nach dem Satz „Über die ganze Menschheit wird eine große Züchtigung kommen ..." einen klaren Hinweis auf die Marienbotschaft von La Salette (über die wir ohnedies in einem späteren Kapitel berichten werden). Auch dieser Hinweis fehlt seltsamerweise in den meisten uns vorliegenden Texten. Warum? Wir sind auch diesen Spuren nachgegangen und werden alles der Reihe nach schildern.

Zunächst einmal ist zu vermerken, daß die Verbreitung gerade der Botschaft von La Salette vom Heiligen Offizium in Rom mit Dekret vom 21. Dezember 1916 ausdrücklich verboten worden war. Gerade auf diese Botschaft bezog sich Padre Joachim Alonso – allerdings in negativem Sinne – als er die zur Veröffentlichung gekommene Fatima-Botschaft „eine bedauernswerte Kopie des sogenannten Geheimnisses von La Salette" nannte. Nun ist Padre Alonso nicht etwa ein fatimafeindlicher Geistlicher, die es ebenfalls geben soll, oder ein Wortführer im Chor der Kritiker, sondern der Leiter einer klerikalen Studiengruppe in Portugal, die das bereits erwähnte dreizehnbändige Werk der Geschichte der Fatima-Botschaften vorbereitet.

Hören wir nun, was er dem Journalisten Maurizio Blondet der italienischen Zeitschrift

GENTE gelegentlich eines Interviews im Jahre 1978 auf eine das dritte Geheimnis von Fatima betreffende Frage antwortete. Zunächst meinte Alonso ausweichend: „In den uns bekannten Enthüllungen der Fatima-Botschaft ist nichts enthalten, das uns berechtigen würde, von einem Dritten Weltkrieg zu sprechen. Wenigstens nichts von Gewißheit. Damit soll jedoch nicht gesagt sein, daß man diese Hypothese ausschließen müßte ...".

„Wir gehen schrecklichen Zeiten entgegen ..."

Nach seiner persönlichen Meinung über das Ergebnis seiner vieljährigen Studien über die Fatima-Botschaften gefragt entgegnete Padre Alonso nach kurzem Zögern: „Die Fatima-Botschaft sagt uns, so glaube ich, mit erschreckender Deutlichkeit, welcher Zukunft die Welt entgegengeht.

In der Gesamtheit der Erscheinungen hat die Muttergottes die Erhaltung des Friedens in der Welt an die Bekehrung Rußlands geknüpft, die ihrerseits von der Weihe Rußlands an das Unbefleckte Herz von Maria abhängt. Diese Weihe erfolgte durch einen offiziellen Akt von Pius XII. Zu spät jedoch, wie auch Schwester Lucia sagte. Vor allem aber erfolgte keine entsprechende generelle Einstellung der Reue und zu Gebeten seitens der Christen. Das bedeutet unter Zugrundelegung des gesamten Komplexes der Fatima-Botschaften, daß die von der Madonna versprochene Bekehrung Rußlands auf einen späteren Zeitpunkt verlegt wurde, vielleicht auf sehr viel später. Schwester Lucia brachte dies in einem Brief auch klar zum Ausdruck ... In einem anderen Brief fügte sie hinzu, daß Gott sich dieser Zeit bedienen werde, um die Welt für die vielen Verbrechen gegen die göttliche Gerechtigkeit zu strafen, um seine Wiederkehr vorzubereiten. Meiner persönlichen Meinung nach – und ich möchte betonen, daß es sich nur um eine persönliche Ansicht handelt – wird Rußland fortfahren, den Kommunismus über die ganze Welt auszubreiten, um schließlich Herr der Welt zu werden. Dann erst, und nicht früher, wird es fallen. Das wird dann der in der Fatima-Botschaft versprochene Sieg des Unbefleckten Herzens von Maria sein. Vorher aber wird kein Frieden herrschen. Steht uns ein entscheidender Krieg bevor? Ein Atomkrieg? Eines ist auf jeden Fall gewiß: „Wir gehen schrecklichen Zeiten entgegen!"

Wir haben hier Padre Alonso zitiert und überlassen es dem Leser, sich über alles das selber ein Bild zu machen.

Nun kommen wir auf den zweiten Umstand zu sprechen, der uns beim Lesen der verschiedenen Versionen auffiel. Es handelt sich dabei um einige Passagen der Fassung, die Emrich den „erweiterten Wortlaut“ nannte. Dieser wurde sieben Jahre nach der Erstpublikation in „Neues Europa“ veröffentlicht. Die erste, 1963 herausgekommene Fassung erregte weltweites Aufsehen. Sie wurde unzählige Male nachgedruckt und ist in viele Sprachen übersetzt worden. Selbst heute noch wird bei derartigen Nachdrucken die Stuttgarter Zeitschrift als Quelle zitiert. Demgegenüber fand Emrichs „erweiterter Wortlaut“ selbst im deutschen Sprachraum nur geringe Beachtung und er ist unseres Wissens kaum in andere Sprachen übersetzt worden.

Bei genauerer Prüfung des „erweiterten Wortlautes“ stolpert man geradezu über einige Besonderheiten, die wir hier kurz zusammenfassen möchten:

1. Während der Text der ursprünglichen Fassung als Botschaft und Warnung an die gesamte Menschheit sowie in Sonderheit an alle Herrscher und Staatsmänner und an die Kirchenfürsten verstanden werden muß, geht der „erweiterte Wortlaut“ erstaunlich detailliert auf Nebenumstände ein (Flammen aus dem Vatikan, Kirchenfeindlichkeit erfaßt auch andere Kirchen, scheußliche Szenen im Vatikan usw.).

2. In der älteren Abfassung ist die Zeitangabe nur ungenau umrissen (in der zweiten Hälfte des zwanzigsten Jahrhunderts), im „erweiterten Wortlaut“ dagegen deutlicher präzisiert mit den Worten „gegen Ende des zwanzigsten Jahrhunderts“, die mit dem Zusatz „vor Ende der nächsten Jahrtausendwende“ noch nachdrücklich unterstrichen werden.

3. In wenigen Zeilen erwähnt der „erweiterte Wortlaut“ eine Fülle klar umrissener geographischer Begriffe, die mit dort stattfindenden Ereignissen verknüpft sind (andere politische Richtung in Italien, Krieg in Südwestasien – in Klardeutsch „Persischer Golf“ –, Katastrophe am Suez-Kanal, Großkampf Ost-West). Hinweise solcher Art fehlen in dem früher publizierten Text völlig.

Irgend etwas scheint da nicht zu stimmen. Welche Kreise könnten jedoch an der Verbreitung des „erweiterten Wortlautes“ besonders interessiert sein? Möglicherweise solche, die sich durch die Mahnungen und Vorwürfe gegen die Kirche brüskiert fühlten? Wollten sie die himmlische Schelte in eine von außen auf die Kirche zukommende „allgemeine Kirchenfeindlichkeit“ umwerten, von der „auch zahlreiche andere Kirchen“ mitberührt würden? Sind es die gleichen Kreise, die in vielen Nachdrucken den Zusatz „(Satan) wird es verstehen, sogar in die höchsten Stellen der Kirche einzudringen“ ausklammerten?

Gibt der Hinweis auf „eine andere politische Richtung in Italien“ vielleicht einen Fingerweis? Tatsächlich befürchten bestimmte Kreise in Italien seit langem ein Wahlergebnis, das die Kommunisten legal an die Macht brächte. Diese Furcht ist so groß, daß vor jeder Parlamentswahl Tausende von Großindustriellen und Finanzmagnaten für ein paar Tage in die Schweiz reisen, wohin sie zuvor Kapitalien vielstelliger Größenordnung in solchen Mengen transferiert hatten, daß die bis dahin stabile Lira einen Kurssturz erlitt, von dem sie sich bis heute nicht mehr erholte und die Regierung zu rigorosen Devisenbestimmungen zwang. Wollten wir gar nach Hinweisen für die Andeutungen auf Krisenherde, wie etwa „Südwestasien“ oder „Suez-Kanal“ suchen, von der sich dort entwickelnden Konfrontation „Ost-West“ ganz zu schweigen, müßten wir in politisches Fahrwasser abgleiten, was wir aber nicht beabsichtigen. Mag sich auch hier der Leser selber seine Meinung bilden.

Auf jeden Fall möchten wir unsere Bedenken an der Echtheit des „erweiterten Wortlautes“ anmelden. Darüber unterhielten wir uns auch mit Frau Emrich, die uns mitteilte, daß beim zweiten Gespräch im Jahre 1970 der gleiche Pater erschienen sei, der 1963 gekommen war. Auch bei diesem Besuch sei nichts Schriftliches hinterlassen worden, vielmehr habe ihr Mann den Wortlaut seiner 1970 herausgekommenen Publikation mit dem Titel „Die dritte Botschaft von Fatima“ nach dabei gemachten stenographischen Notizen geschrieben. Dadurch kam die Fassung des „erweiterten Wortlautes“ zustande.

Gab es Kreise, die um die Verbindung des Paters aus Rom mit Emrich wußten? Nutzten diese ihr Wissen, um auf diesem Wege bestimmte Gerüchte zu lancieren, an deren Verbreitung sie auf dem Umweg über die Fatima-Botschaft besonders interessiert waren? Wir wissen es nicht, aber wir sind davon überzeugt, daß Emrich seine Informationen in gutem Glauben verbreitete und wahrscheinlich auch der Pater aus Rom Opfer eines Ränkespieles wurde.

Papst Paul VI. hatte die dritte Botschaft von Fatima zum „Staatsgeheimnis des Vatikans“ erklärt und befand sich damit offensichtlich in Übereinstimmung mit dem Heiligen Offizium und der Mehrheit der Vatikan-Hierarchie. Emrich weist in seiner Veröffentlichung von 1970 auf einen Vortrag des Kardinals Ottaviani hin (leider ohne Quellenangabe), den dieser Anfang Februar 1970 vor 900 geladenen Gästen hielt. Bei dieser Gelegenheit betonte Ottaviani,

Allegorische Darstellung des Sonnenwunders von Fatima

Paul VI. habe, „nachdem er erneut die Botschaft gelesen hatte, beschlossen, sie nicht der Öffentlichkeit preiszugeben, sondern sie weiter als vatikanisches Geheimnis zu wahren".
Hieran hat sich bis heute nichts geändert. In jüngerer Zeit sind sogar Bestrebungen erkennbar, alle bisherigen Veröffentlichungen über das dritte Geheimis von Fatima als Fälschungen zu deklarieren. Die Intensivierung der Vertuschungskampagne der Kirche begann bereits 1977 mit der Veröffentlichung eines Buches von Prof. Dr. José Geraldes Freire, den wir bereits in einem früheren Kapitel erwähnten. Der Titel dieses Buches lautet: „Das Geheimnis von Fatima – Geht der dritte Teil über Portugal?" Sein Inhalt basiert, wie der Autor versichert, auf Aussagen von Personen, die das Geheimnis kennen. Freire ereifert sich darin in der nachdrücklichen Versicherung, alle in Zusammenhang mit dem dritten Geheimnis erschienenen Veröffentlichungen über bevorstehende Katastrophen seien „blanker Unsinn". Vielmehr beziehe sich der dritte Teil des Geheimnisses „auf Ereignisse, die in Portugal seit 1959 bis in unsere Tage sich abwickelten" (sic). „Allmählich wird man das Geheimnis kennenlernen, allmählich", fügte der Autor sibyllinisch hinzu.

Verblüfft fragt man sich, warum dann soviel Geheimnis um das Geheimnis gemacht wird, wenn es sich nur um Ereignisse in Portugal handelt, die sich zudem bereits seit über zwanzig Jahren abwickeln. Mit dieser Meinung stimme, so hob Freire etwas verschwommen hervor, Schwester Lucia überein.

Wir möchten zwar nicht behaupten, Prof. Freire habe mit seinem Buch gläubige Christen täuschen wollen, kommen aber dennoch nicht umhin, auf Widersprüche hinzuweisen, die 1978 nach einem Interview des GENTE-Journalisten Maurizio Blondet bekannt wurden. Auf die von Blondet geäußerte Vermutung, Johannes XXIII. habe der Fatima-Botschaft möglicherweise keine Glaubwürdigkeit beigemessen, erwiderte Freire mit Nachdruck: „Ganz im Gegenteil sogar! Ich habe Gründe dafür, annehmen zu dürfen, daß **Johannes XXIII. der Botschaft sogar ganz besondere Bedeutung beimaß und gewisse spektakuläre Entscheidungen, die manchem unverständlich erschienen, von der Fatima-Botschaft beeinflußt waren.“**

Johannes XXIII. und das Telegramm Chruschtschows

Offenbar war Blondet das eben erwähnte Buch von Freire nicht bekannt, sonst würde er sicherlich seinem Erstaunen darüber Ausdruck gegeben haben, warum bei Johannes XXIII. dieser nachhaltige Eindruck entstehen konnte, wenn in der Fatima-Botschaft lediglich ein paar Vorkommnisse aus Portugal enthalten wären. Statt dessen fragte er nach Beispielen päpstlicher Entscheidungen, die im Schatten der Fatima-Botschaft entstanden seien. Die Antwort Freires bringt eine weitere Überraschung. Dieser erwähnt nämlich dabei die Erwiderung des Papstes auf ein Glückwunschtelegramm von Chruschtschow, was viele als einen „politischen Fehler“ angesehen hätten.

Freire fuhr dann fort: „1977 schrieb ich an Monsignor Capovilla (Anm. d. Verf.: Erzbischof und früherer persönlicher Sekretär von Johannes XXIII.) und bat ihn um genaue Informationen bezüglich der Einstellung von Johannes XXIII. zur Fatima-Botschaft ... (Anm. d. Verf.: Capovilla kennt das Geheimnis). Er kam meiner Bitte nach und schilderte mir auch die näheren Umstände beim Öffnen des versiegelten Umschlages, worin die Fatima-Botschaft enthalten war. Darüber hinaus sandte er mir ein von ihm (Capovilla) verfaßtes Buch mit dem Titel „Papa Giovanni come io ricordo“ (Wie ich Papst Johannes in Erinnerung habe), und dazu eine kleine Notiz „siehe Seiten 39/40“. Auf diesen Seiten ist ein kleiner Abschnitt aus dem Tagebuch von Johannes XXIII. abgedruckt, den dieser nach dem Erhalt eines Chruschtschow-Telegrammes schrieb. Dort steht: „Santo Stefano 1962, ruhiger Tag (Anm. d. Verf.: Santo Stefano ist der 26. Dezember – und 1962 genau zwei Monate nach Beilegung der Kuba-Krise!). Es geht in meinem Geiste weiter, das Interesse für das, was der Herr wunderbarerweise verwirklicht. Wird dieser Chruschtschow keine Überraschungen vorbereiten? ... Vor meinem Kruzifix kniend habe ich heute Nacht Gott mein Leben als letztes Opfer angeboten, damit er mich angesichts dieses großen Planes abberiefe: die Bekehrung Rußlands an die katholische Kirche ..." (Anm. d. Verf.: Am 3. 6. 1963, also etwa fünf Monate danach, war Johannes XXIII. entschlafen).

Nun ist die Bekehrung Rußlands Teil der längst offiziell bekanntgewordenen zweiten Botschaft von Fatima. Darauf wies auch Freire hin, um dann fortzufahren: „Nun fragte ich mich, warum Capovilla, den ich um Informationen gebeten hatte, die mit der dritten Botschaft zusammenhängen, mir einen Hinweis gibt, der die zweite Botschaft betrifft. Meine Vermutung geht deshalb dahin: Capovilla nahm damit ausdrücklich Bezug auf die dritte Botschaft. Mit anderen Worten: auch die dritte Botschaft betrifft Rußland."

An dieser Stelle muß man erst einmal tief Luft holen. Würde nämlich Freire das Geheimnis der dritten Botschaft kennen, hätte ihm Capovilla keinen Wink zu geben brauchen. Freire selber baut auf diesen Hinweis die Vermutung (im Original heißt es „Hypothese") auf, Capovilla habe damit Bezug auf die dritte Botschaft genommen. Die Antwort an den Journalisten läßt damit gar keinen anderen Schluß zu, als den, daß er den Inhalt der dritten Botschaft nicht kennt. Nun gehört Freire zur Prominenz der offiziellen Kirchenhistoriker, die sich mit den Fatima-Erscheinungen seit vielen Jahren befassen. Darüber hinaus hat er in seinem ein Jahr vor diesem Gespräch herausgekommenen Buch überbetont versichert, die dritte Botschaft beträfe nur „Ereignisse, die (sich) in Portugal abwickelten" und Publikationen über darin enthaltene apokalyptische Zukunftsvisionen als „Unsinn" deklariert.

Wir können hier nur Informationen zitieren, die uns im Zuge unserer Recherchen bekanntgeworden sind und deren Quellen wir in der Bibliographie am Schluß dieser Serie für jedermann offenlegen. Dabei entsteht allerdings ein Labyrinth verwirrender Gegebenheiten jenseits des Geistes von Fatima, und es darf nicht wundern, wenn Kritiker auf die Frage, warum das „dritte Geheimnis" nicht bekanntgegeben werde, süffisant lächelnd antworteten: „Weil der Inhalt des Schriftstükkes ohne jeden Wert ist!“

Diese Ansicht teilen wir allerdings nicht, und gerade das ist einer der Gründe unserer Recherchen. Dabei konnten wir beobachten, daß die Vertuschungs-Kampagne immer erstaunlichere Formen annimmt. So etwa schrieb „Süddeutsche Nachrichten“ am 14. 9. 81: „Fatima-Texte sind falsch.“ In einer Kathpress-Meldung aus Wien bezog sich SN dabei auf eine ausdrückliche Feststellung des Bischofs von Fatima, Monsignor Alberto Cosmo do Amaral,

Papst Johannes Paul II.

anläßlich der Marien-Namen-Feiern des Rosenkranz-Sühnekreuzzuges, die dieser in der Wiener Stadthalle vor 25 000 Gläubigen machte. Dabei habe er Schwester Lucia zitiert: „Das ist alles Erfindung, ist nicht wahr. Das alles hat mit der Botschaft von Fatima nichts zu tun.“ Gemeint waren „alle Versuche, die Botschaft von Fatima als Unglücksprophetie hinstellen zu wollen“.

Zwei Tage zuvor hatte Frau Dr. Elisabeth Schmitz unter der Überschrift „Maria mahnt zur Umkehr“ den Emrich-Text in der Wiener „Kronen-Zeitung“ vom 12. 9. 81 als Inserat veröffentlicht. Die Leitung des „Rosenkranz-Sühnekreuzzuges für den Frieden in der Welt“ habe sich, wie die „Deutsche Tagespost“ am 18. 9. 81 berichtete, von diesem Inserat distanziert. „Nur der Papst kann entscheiden“, habe der Bischof gesagt, „wann das ‚Dritte Geheimnis‘ bekanntgegeben wird.“

Johannes Paul II. bestätigt „diplomatische Fassung“

Es tut uns leid, wenn wir das aussprechen müssen, aber dieser kategorische „Fatima-Texte-sind-falsch-Tamtam“, der bar jeder Argumente ist und alleine deshalb wenig überzeugend wirkt, kommt uns doch etwas zu philisterhaft vor. Wenn der Bischof von Fatima dabei mit etwas verschwommener Geste zum Papst zeigt, möchten wir ihm einen Ausspruch von Johannes Paul II. entgegenhalten, worin dieser eine klare Stellungnahme zur Fatima-Botschaft ergreift. Nach uns vorliegenden Veröffentlichungen in kirchlichen Presse-Organen soll dieser nämlich anläßlich seines Besuches in Fulda im Jahre 1980 auf die Frage nach dem dritten Geheimnis von Fatima geantwortet haben: „Wegen des schweren Inhalts, um die kommunistische Weltmacht nicht zu gewissen Handlungen zu animieren, zogen meine Vorgänger im Petrusamt eine diplomatische Fassung vor (Anm. d. Verf.: Eine Ehrenrettung für Louis Emrich). Außerdem sollte es ja jedem Christen genügen, wenn er folgendes weiß: Wenn zu lesen steht, daß Ozeane ganze Erdteile überschwemmen, daß Menschen von einer Minute auf die andere abberufen werden, und das zu Millionen, dann sollte man sich wirklich nicht mehr nach der Veröffentlichung dieses Geheimnisses sehnen. Viele wollen nur wissen, aus Neugierde und Sensationslust, vergessen aber, daß Wissen auch Verantwortung bedeutet ..." Zum Rosenkranz greifend habe der Papst hinzugefügt: „... Betet, betet und fragt nicht weiter. Alles andere vertraut der Gottesmutter an ..."

Die Antwort des Papstes über die Zukunft der Kirche stand ebenfalls im apokalyptischen Schatten der Fatima-Botschaft: „Wir müssen uns wohl in Bälde auf große Prüfungen gefaßt machen", soll er geantwortet und hinzugefügt haben: „Ja, die sogar den Einsatz unseres Lebens fordern könen und die Ganzhingabe an Christus und für Christus! Es kann gemildert werden durch euer und Unser Gebet, aber nicht mehr abgewendet werden! Nur so kann die wirkliche Erneuerung der Kirche kommen! Wie oft schon wurde im Blut die Erneuerung der Kirche geboren. Nicht anders wird es auch diesmal geschehen. Seien wir stark und bereiten wir uns vor und vertrauen wir auf Christus und seine Heilige Mutter. Beten wir sehr viel und oft den Rosenkranz."

Ähnliche Worte sprach bereits Paul VI. 1967 anläßlich seines Besuches am Gnadenort Fatima aus. Es war die größte Massenkundgebung aller Zeiten, denn fast zwei Millionen Gläubige aus aller Welt waren damals nach Fatima gepilgert. Allgemein hatte man an den Besuch des Papstes in Fatima die Hoffnung geknüpft, er werde die Gelegenheit dieser Wallfahrt dazu benutzen, das dritte Geheimnis zu lüften. In gewissem Sinne tat er das auch, denn was er sagte und dazu am Orte der Erscheinungen in Fatima mit bewegten Worten aussprach, trieb vielen der Wallfahrer die Tränen in die Augen und wurde allgemein als unverblümter Hinweis auf die Fatima-Botschaft verstanden. Sicherlich hatte Paul VI. das auch beabsichtigt. „Die Welt ist in Gefahr!" rief er mit aufrüttelnder Stimme aus. „Es ist ein folgenschwerer Moment. Bedenkt alle die Bedeutung und Größe dieser Stunde, die entscheidend für die Geschichte der jetzigen und zukünftigen Generationen sein kann. Folgen wir der Mahnung, die uns die Muttergottes gab: Gebet und Buße! Wolle Gott, daß die Welt nicht von Kriegen, Tragödien und Katastrophen heimgesucht werde."

Die Hoffnung der Gläubigen, Paul VI. werde 1967 in Fatima das „Dritte Geheimnis" verkünden, knüpfte sich an ein Gerücht, das zu Beginn der sechziger Jahre aufkam. Nicht 1960 solle die Bekanntgabe erfolgen, sondern 50 Jahre nach der Verkündigung im Jahre 1917. Ob die Entstehung dieses Gerüchtes auf einen „Vaticanium ex eventu" (vatikanische Erfindung) beruht, wie manche glauben, weil man im Vatikan Zeit gewinnen wollte, ist im Zusammenhang mit unseren Recherchen von geringer Bedeutung und wir erwähnen dies mehr als Kuriosum am Rande. Ohnedies hatte Kardinal Ottaviani bereits einige Monate zuvor jede Möglichkeit einer Veröffentlichung dementiert.

Vatikan-Zeitschrift veröffentlicht Teile der Fatima-Botschaft

Eine weitere aus dem Vatikan stammende Verlautbarung, die man zum mindesten als offiziöse Kommunikation einstufen kann, publizierte Monsignore Corrado Balducci im „L'Osservatore della Domenica" No 41/1978. Hierzu ist zu bemerken, daß diese Wochenzeitschrift, sowie die Tageszeitung „L'Osservatore Romano" die einzigen offiziellen Publikationsorgane des Vatikanstaates sind. Besonders interessant ist dabei das Datum der Herausgabe jener Nummer, die den Balducci-Artikel enthält. Diese erschien nämlich am Vortage des Konklaves zur Wahl des jetzigen Papstes Johannes Paul II., also in der kurzen papstlosen Periode unmittelbar nach dem geheimnisumwitterten Tod von Johannes Paul I., dem lächelnden Papst. Unter den aus allen Teilen der Welt zur Papstwahl nach Rom gereisten Kardinälen soll der Balducci-Artikel Überraschung, Aufsehen und Betroffenheit ausgelöst haben. Die Tatsache, daß dieser Artikel überhaupt veröffentlicht wurde und dazu ausgerechnet zu diesem Zeitpunkt wirft ein bezeichnendes Bild auf das Tauziehen hinter den Kulissen des Vatikans um alles, was mit der Fatima-Botschaft in Zusammenhang steht. Schon Blondet meinte, daß kaum mehr Gerüchte aus dem Vatikan in geistlichen Kreisen kursieren, als solche, die das Fatima-Geheimnis betreffen.

BILD-Zeitung brachte Auszüge des Balducci-Artikels in großer Aufmachung mit der Überschrift „Eine große Bestrafung wird über die Welt kommen", während der Untertitel „Der neue Papst und die schrecklichen Weissagungen" lautete. Wir zitieren hier ein paar Sätze aus der BILD-Reportage: „Am Vorabend der Wahl des neuen Papstes hat ein Prälat der Vatikanbehörde, Monsignore Balducci, auf zwei schreckliche Weissagungen hingewiesen (Anm. d. Verf.: Außer der Fatima-Botschaft enthielt der Balducci-Artikel noch Betrachtungen über die Malachias-Prophezeihungen). Sie bedeuten seiner Meinung nach, daß während der Amtszeit des neuen Papstes ein großer Krieg ausbrechen und Millionen Menschen den Tod bringen könnte. Der hohe Vatikan-Geistliche hofft noch auf einen Ausweg: ‚Gott wird eine solche Bestrafung nicht zulassen, wenn die Menscheit sie nicht verdient.' Gott habe der Menschheit eine letzte Warnung zukommen lassen, als er den lächelnden Papst (Johannes Paul I.) so schnell sterben ließ ... Im Vatikan ging der Bericht gestern von Hand zu Hand ..." (Vergl. DNZ 52/78 – Hinter den Kulissen des Vatikans).

Wie es überhaupt möglich war, daß dieser Artikel in der Vatikan-Zeitschrift erscheinen konnte, erfahren wir von Prof. Bender, der dazu in seinem bereits erwähnten Bericht schreibt: „Dieser Artikel wurde von Balducci zu einer Zeit publiziert, als ein Hauptgegner von Fatima während des Interregnums des Konklaves nicht amtierte. Diese Information erhielt ich von einer gut informierten Quelle, Abbé Boyer, auf den ich noch zu sprechen kommen werde. Aus der Tatsache, daß die Ausführungen Balduccisim ‚L'Osservatore della Domenica' vom Vatikan nie dementiert worden sind, schließen Fatima-Experten auf die Authentizität der ‚diplomatischen Version'".

In Nachstehendem bringen wir noch einige Auszüge aus dem Balducci-Artikel, soweit er die Fatima-Botschaft betrifft: „Es existiert jedoch ein Text, der nachdenklich stimmt und dessen Authentizität annehmbar erscheint und zwar der des sogenannten ‚Geheimnisses von Fatima' (von 1917). Es wurde gesagt, daß dieser 1960 bekanntgegeben würde und man glaubte danach, man würde ihn während des Heiligen Jahres 1975 kennenlernen. Wenn es sich um eine gute oder tröstliche Botschaft handeln würde, bestünde kein Grund, sie verborgen zu halten. Leider scheint es hingegen, als enthielte sie schmerzliche und sehr tragische Ankündigungen. Indiskretionen darüber wurden seit längerer Zeit in der Presse veröffentlicht, nachdem – wie man sagt der Text um 1963 herum zur Kenntnis des Präsidenten der USA und des Staatschefs der Sowjetunion gebracht worden war."

„Apokalypse ohne Beispiel"

Nach ausdrücklicher Bezugnahme auf die Veröffentlichung des Textes in „Neues Europa" vom 15. 10. 1963 und der Aufzählung einer Reihe besonders markanter Zitate aus der Emrich-Publikation, wobei er besonders hervorhebt, daß es zum Zeitpunkt der Botschafts-Verkündigungen im Jahre 1917 noch keine Atombomben gab, fährt Balducci fort: „Abgesehen von Prophezeiungen und Vorhersagen unterschiedlichster Art und Glaubwürdigkeit überlasse ich es dem Leser, sich über die Fatima-Botschaft sein eigenes Urteil zu bilden. An diesem Punkt möchte ich mich jedoch mit ihm in die Realität von heute einfühlen; **ich möchte den Traum unterbrechen, worin wir zu leben scheinen, sofern wir nicht darüber unterrichtet sind, was uns erwartet.** Stellen wir zunächst eine erste Frage: Besteht die Möglichkeit, daß ein neuer Weltkrieg ausbrechen wird? Und das zweite Fragezeichen: Wer ist so naiv zu glauben, daß ein zukünftiger Krieg nicht mit Atomwaffen ausgetragen würde? Wenn diese entsetzliche Eventualität einträfe, müssen wir damit rechnen, daß dabei die letzten, modernsten Waffen eingesetzt werden. **Es käme dann zu einer Apokalypse ohne Beispiel, zu einer Vertilgung der Menschheit und einer schrecklichen Zerstörung seiner Werke.** Man erinnere sich in diesem Zusammenhang an die Antwort Einsteins auf eine Frage bezüglich seiner Ansicht über den Ausgang eines Dritten Weltkrieges: ‚Das weiß ich nicht. Eines aber ist gewiß: Sollte danach ein weiterer Krieg stattfinden, würde er mit Pfeil und Bogen ausgetragen werden.' Gerade die Aussicht auf eine enorme und allgemeine Zerstörung orientiert und leitet die Staatsmänner zur Intensivierung der diplomatischen Aktivitäten, zu Handlungen guten Willens und zu unerwarteten Gesten der Geduld. In der dunklen, grausamen Bedrohung bleibt uns nur die tröstliche Gewißheit der religiösen Wahrheit . . ."

Wer könnte nach diesen Worten eines hohen geistlichen Würdenträgers aus dem Vatikan (Balducci ist Prälat der Römischen Kongregation für die Evangelisation der Völker), nach der Verkündung von Paul VI. in Fatima oder nach den Aussprüchen von Johannes Paul II. noch den geringsten Zweifel an der weltweiten Bedeutung der Fatima-Botschaft haben?

Statt dessen tauchen die widersprechendsten Kommentare auf, deren hohle Worte vor allem eines erkennen lassen: Die Fatima-Botschaft enthält außer der apokalyptischen Offenbarung einen für die Kirche kritischen Kernpunkt, dessen Bekanntgabe unter allen Umständen verhütet werden soll. Wir werden auf dieses heikle Problem noch ausführlicher eingehen.

Die derzeitige Situation beschrieb Nostradamus bereits vor 400 Jahren in seinem Vierzeiler II/27. Zum besseren Verständnis unserer Erklärung bringen wir zunächst den Originaltext:

Le divin Verbe sera du
ciel frappé
Qui ne pourra proceder
plus avant;
Du resserant le secret estoupé,
Qu'on marchera par dessus
et devant.

Dr. de Fontbrune gab diesem Vers folgende Interpretation:

Am göttlichen Wort aus der Höhe wird gerüttelt werden
und es wird sich nicht mehr
zu Gehör bringen können;
die Offenbarung wird so
erstickt sein,
daß man sie auf jegliche Weise
am Boden zertritt.

Wir übersetzen diesen Vers folgendermaßen:

Das göttliche Wort wird
„von oben her" verdunkelt
und kann sich nicht weiter
entfalten (vordringen);
das wohlgehütete Geheimnis (der Offenbarung) bleibt weiter eingeschlossen und jeder kann nach Belieben draufrumtrampeln (damit machen, was er will).

Die Formulierung „du ciel" hat bei Nostradamus – wie viele seiner Formulierungen – eine doppelte Bedeutung: Einmal „von oben her" im Sinne einer Macht „von oben"; zum anderen wurde damit auch die Macht selbst umschrieben: Die Kirche nämlich, deren Oberhaupt „Stellvertreter Gottes" (des Himmels) genannt wird. Allen Nostradamus-Forschern bereitete das Wort „estoupé" Schwierigkeiten und es ist unterschiedlichst interpretiert worden. Wir entdeckten darin eingeschlossen eine Reihe von Bedeutungen, vor allem das Wort „Estouffé" (heute vielfach „Estouffade" genannt, eine französische Spezialität, die in einem dichtgeschlossenen Topf im eigenen Saft gedünstet wird). Besser hätte Nostradamus die derzeitige Situation nicht verdeutlichen können. Ähnlich ist es mit dem Wort „frappé" in der ersten Zeile, das der Franzose für unterschiedlichste Situationen benutzt, besonders dann, wenn er etwas umschreiben möchte.

Charakteristisch für die Verdunkelungsstrategie der Kirchenbehörden ist der „Fall Fuentes", der sich zu einem Zeitpunkt zutrug – und gerade dieser Umstand ist das bemerkenswerteste an dieser ohnedies ungewöhnlichen Affäre – als noch niemand, also auch der Papst nicht, Kenntnis vom Inhalt des „Dritten Geheimnisses von Fatima“ hatte (außer Lucia, die es niederschrieb und dazu unter der Voraussetzung, daß die vom Vatikan selbst verbreiteten Informationen über den Zeitpunkt der Öffnung des versiegelten Umschlages mit dem „Geheimnis“ den Tatsachen entsprechen). Padre Augustin Fuentes ist ein mexikanischer Geistlicher der Erzdiözese Veracruz und war von Rom zum Postulator für den Antrag auf Seligsprechung von Francisco und Jacinta Marto, die beiden zwischenzeitlich verstorbenen Seherkinder von Fatima, bestellt worden. Als solcher führte er öfter längere Gespräche mit Lucia. Bei einem dieser Gespräche, zu dessen Führung er ausdrücklich vom Papst ermächtigt worden war, und das am 26. Dezember 1957 (nach anderer Quelle am 26. November 1957) stattfand, soll diese ihm bestimmte Mitteilungen gemacht haben, die bei ihrer späteren Bekanntgabe durch Padre Fuentes einen weltweiten Eklat auslösten und schließlich mit einem Skandal endeten.

Erstmals sprach Padre Fuentes darüber bei einer Zusammenkunft mit mexikanischen Gläubigen am 22. Mai 1958. Pressevertreter nannten den Inhalt dieses Vortrages später „apokalyptisch“. Über den Text dieses Referates liegen uns ebenfalls mehrere Auszüge vor, die geringfügig voneinander abweichen, im Kern aber alle gleich sind. Wir lassen hier einige Passagen daraus folgen. Als Quelle benutzen wir dafür vor allem eine Druckschrift, die uns Anfang Januar 1982 (!) von der dem Vatikan nahestehenden „Propaganda Mariana“ aus Rom zugesandt wurde. Nur am Anfang und am Schluß benutzen wir je einen Abschnitt, den wir anderen (ebenfalls gekennzeichneten) Quellen entnahmen.

Der „apokalyptische“ Text

Ich bringe hier eine dringende Botschaft von Schwester Lucia, hatte Fuentes seine Ausführungen begonnen. „Bei meinem jüngsten Besuch fand ich sie abgemagert und voller Traurigkeit. Sie sagte mir, Padre, die Muttergottes ist sehr unzufrieden, weil sich niemand an ihre Botschaft von 1917 hält . . . Glaube mir, Padre, der Herr wird die Welt in absehbarer Zeit züchtigen; das Weltgericht steht bevor! Padre, verkünde an alle, was mir die Muttergottes wiederholt gesagt hat: Viele Nationen werden vom Angesicht der Erde verschwinden. Die Völker ohne Gott (Anm. d. Verf.: gemeint sind die Sowjetunion und die Satelliten-Staaten) werden die von Gott gewählte Geißel zur Bestrafung der Menschheit sein, wenn wir nicht durch Gebete und Sakramente ihre (Anm. d. Verf.: der Sowjetunion) Bekehrung herbeiführen ... (Anm. d. Verf.: Dann könnte also Freire recht damit haben, wenn er den in einem früheren Kapitel erwähnten Hinweis Capovillas dahin deutete: auch die dritte Botschaft beträfe Rußland). Gläubige und Priester, die ihrer hohen Berufung untreu werden, stoßen damit viele Seelen in die Hölle. Jeder sollte darum sein Leben entsprechend den Wünschen der Muttergottes gestalten ... Es ist dringend erforderlich, sich der schrecklichen Realität bewußt zu werden. Wir wollen die Seelen nicht mit Angst erfüllen, sondern nur zur Wirklichkeit rufen ... Besonders hob die Muttergottes hervor, und sie wiederholte es dreimal (in anderen Versionen steht: ‚fünfmal'); wir kommen zur Endzeit! Letzte Möglichkeit einer Wende sind der Rosenkranz und die Hingabe an das unbefleckte Herz von Maria ..."

Der „Bote von Fatima" veröffentlichte am 13. 11. 1959 einen ähnlichen Auszug, schrieb dazu aber einen Passus, den wir in keiner anderen Version fanden. Er lautet: „Ich kann nicht auf weitere Einzelheiten eingehen (Anm. d. Verf.: es ist Lucia, die spricht), da es noch ein Geheimnis ist, ein Geheimnis, das nach dem Willen der Seligsten Jungfrau nur dem Heiligen Vater und dem Bischof von Fatima bekanntgegeben werden darf, und beide wollen es nicht kennenlernen, um nicht davon beeinflußt zu werden. Es ist der dritte Teil der Botschaft Unserer Lieben Frau, der ein Geheimnis bleiben soll bis zum Jahre 1960 ..." Bei anderer Gelegenheit, – auf jeden Fall vor 1960 – habe Lucia bei einem ähnlichen Gespräch hinzugefügt: „... dann versteht man es besser, wenn die Obrigkeit es aber will, kann es schon jetzt gelesen werden ..."

Die „Enthüllungen" von Padre Fuentes waren kurz darauf von einer großen US-Zeitschrift publiziert worden (leider verrät unsere Quelle weder deren Namen noch das Datum der Veröffentlichung) und riefen unter den Katholiken in den USA eine Sensation ersten Ranges, aber auch große Bestürzung hervor. Der Bischof von Coimbra habe Schwester Lucia von den „Enthüllungen" Padre Fuentes in Kenntnis gesetzt. Die US-Publikation war nämlich in bestimmten klerikalen Kreisen Portugals wie eine Bombe eingeschlagen und hatte einen Sturm der Entrüstung ausgelöst (warum eigentlich?), der bis in die Kemenaten des Vatikans brauste. Lucia selber soll in peinliche Verlegenheit geraten sein und habe erklärt, der Bericht Fuentes sei unwahr. Daraufhin wiederholte und bekräftigte Fuentes am 9. Juli 1959 seine Aussagen. Der Eklat war jedoch unvermeidbar geworden und Padre Fuentes mußte von seinem Amt als Postulator für die Seligsprechung von Francisco und Jacinta Marto zurücktreten. Selbst die sonst konservative und dem Vatikan ergebene Zeitschrift GENTE äußerte Zweifel an dem aus Portugal gekommenen Dementi und meinte, Padre Fuentes habe schließlich nicht alles einfach erfinden können.

Seltsamerweise wird dieser Skandal in kaum einer der uns vorliegenden Veröffentlichungen über die Enthüllungen Fuentes erwähnt. Ohnedies überkreuzen sich mit dieser „Affäre" derartig viele verwirrende Informationen, daß es dem Chronisten schwer erscheint, sich in diesem kunstvoll verschlungenen Irrgarten zurechtzufinden. Wir begnügen uns deshalb damit, dem Leser die uns in diesem Zusammenhang zur Kenntnis gekommenen Fakten kommentarlos vorzulegen:

1. Dem bereits erwähnten Buch von Freire ist zu entnehmen, daß Johannes XXIII. der versiegelte Umschlag mit der dritten Botschaft von Fatima am 17. August 1959 vom Heiligen Offizium ausgehändigt und einige Tage später in Gegenwart seines persönlichen Sekretärs, Dr. Loris Francesco Capovilla, sowie anderer Personen geöffnet und gelesen wurde. Als der Eklat um Padre Fuentes auf seinem Höhepunkt stand, kannte demzufolge noch niemand das Geheimnis von Fatima.

2. Welcher Umstand veranlaßte Freire 19 Jahre später, zum „Fall Fuentes" befragt, zu der Äußerung, es erscheine ihm nicht möglich, daß sich Lucia zu einer Indiskretion habe hinreißen lassen, nachdem sie das Geheimnis „trotz Nötigung und sogar Bedrohung" immer bewahrt habe? Wieso Indiskretion? In den „Enthüllungen" Fuentes heißt es doch ausdrücklich, Lucia könne nicht auf Einzelheiten eingehen, weil der dritte Teil der Fatima-Botschaft bis 1960 „Geheimnis" bleiben solle. Von welchem „Geheimnis" und von welcher „Indiskretion" sprach Freire? Aufgrund welchen Wissens und nach welcher Richtlinie konnte er bereits 1958 – dem Zeitpunkt der Fuentes-Enthüllung – beurteilen, ob Lucia Teile des Fatima-Geheimnisses preisgab, das zu diesem Zeitpunkt nicht einmal der Papst kannte? Darüber hinaus enthalten die Mitteilungen Fuentes kaum einen einzigen Satz, bei dem Anlehnungen an den bisher bekanntgewordenen Teil des „Geheimnisses" erkennbar sind. Die einzige Analogie zwischen der Fatima-Botschaft und den Fuentes-Äußerungen liegt im apokalyptischen Charakter, aber selbst das konnte 1958 noch niemand beurteilen. Welche „Indiskretion" hatte also Lucia begangen?

3. Nicht nur die US-Zeitschrift druckte den Fuentes-Bericht ab, sondern ebenso eine Anzahl von Kirchenblättern, wie etwa der bereits erwähnte „Bote von Fatima" oder einige Monate früher (Juni 1959) die Zeitschrift „Fatima Findings". Zu diesem Zeitpunkt aber – und auch das ist wichtig zur Gesamtbeurteilung des „Falles Fuentes" – gab es noch ein Dekret, wonach Publikationen dieser Art ohne kirchliche Druckerlaubnis (Imprimatur – Nihil obstat) nicht veröffentlicht werden durften, mit anderen Worten: es handelte sich dabei um eine kirchliche Zensur für alle Veröffentlichungen, die in irgendeiner Form die Lehre oder das Leben der Kirche berühren. Eine generelle Teilbefreiung von der Imprimatur erfolgte erst mit Dekret AAS Nr. 58/16 vom 29. 12. 1966.

Es erscheint damit völlig ausgeschlossen, daß auch nur eine einzige der vielen Publikationen mit dem Fuentes-Text diese Vorzensur nicht durchlaufen hätte, soweit sie in Kirchenblättern oder in sonstiger kirchlicher Literatur und vor 1966 gedruckt worden waren. Es ist sogar durchaus möglich, daß sie dabei in Teilen abgeschwächt sein könnte, wie beispielsweise Peter Andreas meint. Auf jeden Fall erhielten sie alle unbeanstandet den Imprimatur-Vermerk, wobei noch besonders hervorzuheben ist, daß die meisten Veröffentlichungen erst nach dem Fuentes-Skandal erfolgten. Wir beispielsweise erhielten die Fuentes-Enthüllungen in Form einer Druckschrift von der „Propaganda Mariana" aus Rom zugesandt. Von einem Skandal ist darin an keiner Stelle die Rede.

4. Da der Fuentes-Bericht nichts über das Fatima-Geheimnis enthält und dies sogar ausdrücklich betont wird, bleibt uns die Erregung darüber seitens gewisser Kreise in Portugal unverständlich, zumal sie ja nichts enthalten, was gegen die Kirche gerichtet wäre, sondern im Gegenteil sogar angelegentlichst und beinahe flehentlich zur Sühne und zum Rosenkranzgebet aufgefordert wird.

So wurde das versiegelte Geheimnis geöffnet

Über die näheren Umstände wie Johannes XXIII. die Botschaft zur Kenntnis nahm, gibt es – wie bei vielem, was mit dem Fatima-Geheimnis zusammenhängt – eine Reihe von Lesarten. Kritiker könnten daraus den voreiligen Schluß ziehen, die Quellen seien ungenügend fundiert und darum unbrauchbar. Nun haben wir uns in unserem Bericht immer wieder vor allem darum bemüht, die Stimmen der Kirche und ihrer Vertreter zu Wort kommen zu lassen, soweit uns solche vorlagen. Gerade bei diesen aber haben wir eine Fülle von Widersprüchlichkeiten und Ungereimtheiten entdeckt, mit anderen Worten: unterschiedliche Versionen, die mitunter sogar in schroffstem Gegensatz zueinander stehen. An ihrer Gegenüberstellung indes erkennt man erst das Ausmaß der mit der Fatima-Botschaft verbundenen Geheimniskrämerei, wobei hinzukommt, daß sie „anscheinend zu einem brisanten Objekt für antagonistische (gegensätzliche) Tendenzen im Vatikan geworden" ist. „Protagonisten erklärten Fatima zu einem Symbol des Reaktionären . . .", schrieb Prof. Hans Bender. Somit werden die unterschiedlichen Lesarten einzelner Gegebenheiten verständlich. Es kommt hinzu, daß der eine oder andere sich damit befassende Autor auf durchgesikkerte Indiskretionen stößt und sie in seine Publikation hineinarbeitet. Solche Mitteilungen oder Teilaspekte sind jedoch für uns vielfach Mosaiksteinchen zur Vervollständigung eines Gesamtbildes. Ohnedies haben wir allen Stimmen, also auch denen der Kritiker und Gegner, schon deshalb genügenden Raum gegeben, um die Gesamtheit des Themas von allen Gesichtspunkten aus zu beleuchten.

Bei Beschreibung der näheren Umstände, die sich abspielten, als Johannes XXIII. den versiegelten Umschlag mit der geheimnisumwitterten Botschaft öffnete, lassen wir zunächst Prof. Freire zu Wort kommen. Er bezieht sich dabei auf einen Brief von Monsignore Capovilla vom 12. Juni 1977. Als der Papst den Umschlag am 19. August 1959 vom Heiligen Offizium ausgehändigt erhielt, soll er gesagt haben: „Ich behalte mir vor, ihn mit meinem Beichtvater zu lesen."

Freire schreibt dazu (Capovilla zitierend) weiter wörtlich: „In der Tat wurde der Brief einige Tage später zusammen gelesen. Da aber das Lesen wegen sprachlicher Redewendungen schwierig war, rief man den portugiesischen Übersetzer beim Staatssekretariat, Msgr. Paul José Tavares (später Bischof von Makau), zu Hilfe. **Der Inhalt wurde darauf allen Verantwortlichen des Heiligen Offiziums und des Staatssekretariates sowie einigen anderen Personen bekanntgegeben. Sicherlich hat der Papst mit seinen engsten Beratern darüber gesprochen.** Nach der Lesung machte der Papst eine persönliche Anmerkung; sie wurde von seinem Sekretär, Msgr. Capovilla, übernommen und in den Briefumschlag, der das ‚Geheimnis' enthält, gesteckt. Papst Johannes XXIII. spricht sich über den Inhalt des Briefes nicht aus. Er sagte, daß er ihn zur Beurteilung an andere schicke (seinen Nachfolgern?). Das Dokument war im Schreibtisch des Gemachs bis zu seinem Tode aufbewahrt. Papst Paul VI. erbat bald nach seiner Ernennung Informationen über das Dokument; ich erinnere mich nicht, ob es im Juli 1963 oder einige Monate später war. Man darf annehmen, daß er das ‚Geheimnis' gelesen hat." (Anm. d. Verf.: Wie vielen Personen ist das „Geheimnis" tatsächlich bekannt?)

Von den anderen Versionen darüber ist die am verbreitetsten, derzufolge Johannes XXIII. beim Lesen der Botschaft erbleicht sei und gesagt habe: „Wir können das Geheimnis nicht preisgeben. Es würde eine Panik auslösen." Dieser Version möchten wir hinzufügen, daß es uns schwer vorstellbar schiene, wenn sich der denkwürdige Akt des Öffnens und die Kenntnisnahme des Inhaltes im engsten Kreise des vatikanischen Hofstaates völlig emotionslos und fast marionettenhaft abgespielt hätte, wie es den Schilderungen Freires zufolge den Anschein erwecken könnte. Wir betonen jedoch, daß wir damit dessen Beschreibung in keiner Weise anzweifeln möchten. Immerhin könnten wir uns vorstellen, daß er auf die Schilderung menschlicher Empfindungen, die bei einer derartig bedeutsamen Angelegenheit sicherlich ebenfalls eine Rolle gespielt haben – und zwar unabhängig vom Inhalt der Botschaft – ganz bewußt nicht eingegangen ist. Damit gleicht allerdings sein karger Rapport eher der nüchternen Beschreibung eines administrativen Vorganges, dem die Teilnehmer unbewegt und blasiert folgten. Diese Feststellung ist allerdings nur die bescheidene Meinung des Autors.

Besonders dramatisch schildert demgegenüber der französische Autor Jacques Vallée den Hergang: „Ein Mann, dessen Wort ich vertraue, erhielt einen Bericht von einem der Sekretäre des Papstes. Dieser hatte 1960 einige der höchsten Männer der Kirche zum Papst zu bitten, um bei der Öffnung des geheimen Teiles der Fatima-Botschaft anwesend zu sein (Anm. des Autors: es besteht kaum ein Zweifel darüber, daß die Öffnung des Dokumentes bereits im August 1959 erfolgte, so daß diese Ungenauigkeit in der Datenangabe gewisse Bedenken aufkommen läßt). Obwohl diese feierliche Handlung hinter verschlossenen Türen stattfand, sah der Sekretär die Kardinäle beim Verlassen des päpstlichen Büros. Sie trugen den Ausdruck tiefsten Schreckens auf ihren Gesichtern. Der Sekretär versuchte, einen von ihnen anzusprechen, den er sehr gut kannte, aber dieser schob ihn sanft beiseite und ging weiter. Er sah aus wie jemand, der gerade ein Gespenst gesehen hatte." Wir bringen diesen Bericht wörtlich so, wie wir ihn fanden, und fügen ihm nur hinzu, daß wir eine Bestätigung dafür nirgendwo erhalten konnten.

Eher lassen sich gewisse Rückschlüsse über den Eindruck der Fatima-Botschaft auf Johannes XXIII. aus bestimmten Äußerungen ziehen, die der Papst nach August 1959 in Hirtenbriefen und Ansprachen einflocht und unverkennbar vom Wissen um das „Geheimnis" geprägt scheinen. Manche davon haben geradezu prophetischen Charakter. So etwa sprach Johannes XXIII. seit Beginn der sechziger Jahre auffallend häufig von zukünftigen Kirchenverfolgungen, obschon damals – zumindest in der westlichen Welt – keinerlei erkennbarer Grund dafür vorlag. Besonders eindringlich wies er am 6. April 1961 vor einer Gruppe von Seminarschülern, von denen er annehmen mochte, daß sie diese Zeiten noch erleben würden, darauf hin. „Die Geschichte wird sich wiederholen", rief er aus. „Es wird nicht an Prüfungen für die Kirche fehlen ... verfolgt und heimgesucht ..."

Ebenso sprach der Papst am 10. September 1961 in einer Radio-Botschaft mit besonderer Besorgnis über die Zukunft der Menschheit. „Was sollen wir zu den modernen Kriegswaffen sagen, deren titanische Energien man der Natur entrissen hat und die schließlich zur Vernichtung führen werden?" fragte er mit beklommener Stimme und deutete Befürchtungen darüber an, „was eintreten könnte, wenn diese gigantischen Kräfte sich der menschlichen Kontrolle" entzögen.

Die wirklichen Gründe der Geheimhaltung

Tatsache bleibt indes, daß weder Johannes XXIII. noch seine Nachfolger sich zu einer Veröffentlichung entschließen konnten. Die Vermutung, daß dabei die Furcht vor einer ausbrechenden Panik eine Rolle gespielt habe oder immer noch spiele, erscheint uns eher unwahrscheinlich. Die Bibel ist gefüllt von schrecklichen Prophezeiungen und sie haben niemals besonderen Eindruck auf die Masse der Menschen gemacht. Auch ohne Fatima-Botschaft breitet sich in den letzten Jahren zunehmend eine Endzeitstimmung aus. Sie findet ihren Niederschlag in der Literatur, und die Bücher mit den schauerlichsten Prophezeiungen erreichen öfter die Bestsellerspitzen, ohne jedoch die Menschen in Panik zu versetzen. Die meisten glauben den Prophezeiungen ohnedies nicht, denn sonst würden sie ihr Leben anders einrichten. Für sie ist solche Lektüre ein erregender Nervenkitzel, aber „hängen" bleibt selten etwas davon. Ohnedies ist die Weltlage seit Jahren so gespannt, daß es keiner Prophezeiungen bedarf, um die Bedrohung aus einer sich dramatisch zuspitzenden Situation zu erkennen, die wie ein Menetekel unsere Zukunft beängstigend überschattet. Die Filmindustrie hat mit einem Gespür für den Trend der Zeit schon vor einigen Jahren die Weltuntergangswelle entdeckt und darauf spekulierend Filme auf den Markt gebracht, mit denen die hochgespannten Erwartungen ihrer Produzenten meist noch übertroffen wurden. Welche Panik kann da die Fatima-Botschaft noch hervorrufen, selbst dann, wenn der Originaltext noch weitaus grauenvollere Geschehen verkünden sollte, als der bereits bekanntgewordene Teil? Allerdings hat Johannes Paul II. völlig recht damit, wenn er meint, die meisten möchten nur ihre Neugierde und Sensationslust befriedigen, während „man gleichzeitig nichts tun will, da man sagt, man kann nichts machen gegen das Übel ..."

Ohnedies hat die Katastrophenpsychose zu einem Trend geführt, der in gezielter Vorratshaltung, Bau von Atom-Bunkern, Flucht in ferne Erdteile und ähnlichen Aktionen ihren Niederschlag findet. Die wenigsten jedoch, die solche Maßnahmen ergreifen, haben sich dabei von Prophezeiungen beeinflussen lassen, sondern sie haben vor allem die Zeichen der Zeit erkannt und möchten zu den Überlebenden gehören, wenn es „losgehen" sollte. Immerhin gibt es an einigen Orten Europas — nach unseren Feststellungen besonders in Frankreich — kleine Gruppen, die sich ganz bewußt auf den „Tag X" vorbereiten. Einige dieser Stätten sind den Eingeweihten als „Orte der Kraft" bekannt, die nach esoterischem Wissen gegen Zerstörung und Verderben gefeit sind. So etwa waren, berichtet Serge Hutin, „alle christlichen historischen Stätten, schon lange vor dem Christentum, heilige Stätten der Druiden-Tradition". In einem von Hutin zitierten Brief heißt es: „Es gibt Orte in der Welt, wo der Geist weht; man muß freilich genügend aufnahmefähig sein ... um solche Schwingungen wahrzunehmen ..."

Diese Einleitung erschien uns notwendig, um besser zu verstehen, welche inneren Intuitionen Abbé Jean Boyer inspirierten, in der Nähe des Örtchens St. Geours-de-Maremne im Süden Frankreichs ein Refugium zu errichten, das er „Fatima-France" nennt. „Abbé Boyer ist fest von der Authentizität der Marienbotschaft des ‚dritten Geheimnisses' überzeugt, schrieb Prof. Hans Bender in seinem bereits an anderer Stelle zitierten Artikel, und fordert Schutzsuchende auf, bei Beginn eines Bürgerkrieges sich dorthin zu begeben. Zivile Unruhen sollen nach der Botschaft von Fatima den Ausbruch des vorausgesagten Krieges einleiten. Wie ich bei einem Besuch im September 1980 feststellen konnte, befinden sich jetzt schon Fatima-Gläubige in diesem Refugium ... In einem Gespräch berichtete mir der energische und streitbare Abbé, daß er schon im Oktober 1963 das ‚dritte Geheimnis' in Frankreich publiziert hat, was heftige Reaktionen des französischen Episkopats zur Folge gehabt hatte. Die Bischöfe verlangten von Rom ein Dementi, das aber ausblieb. Als er 1964 seinen Refugium-Plan bekanntmachte und einen Bürgerkrieg voraussagte, wurde er wegen Verbreitung falscher Nachrichten und Aufforderung zu Unruhen angeklagt und verurteilt. Erst eine Intervention des von Papst Paul VI. unterstützten Kardinals von Paris, Veuillot, befreite ihn aus der Haft ..."

Ein ähnlicher Gnadenort ist der Ordenssitz der „Apostel der letzten Zeiten" in Clémery, eine kleine Ortschaft in der mystischen Landschaft Lothringens zwischen Metz und Nancy. In der Basilika erhielt ein Standbild der Muttergottes von Fatima einen besonderen Ehrenplatz. Dieser Gnadenort ist bereits seit langem Mittelpunkt vieler Wunderheilungen, worüber uns zahlreiche Berichte vorliegen.

Kardinal Ottaviani steht an der Spitze kirchlicher Würdenträger, die außer dem Papst das „Geheimnis" kennen. Während einer Konferenz im Februar 1967 betonte er mit Nachdruck: „Ich kann nur feststellen, daß alles, was über das Geheimnis von Fatima zirkuliert, jeglicher Grundlage entbehrt ..." Der weitere Verlauf seines Gespräches schien jedoch unverkennbar unter dem Schatten gerade dessen zu stehen, was „jeglicher Grundlage entbehrt", denn er sagte: „Wenn die Madonna erschienen ist, dann sicherlich, um uns darauf hinzuweisen, daß wir vielleicht leiden müssen, wie wir bereits im vergangenen Krieg ... gelitten haben; aber auch, um uns Hoffnung zu geben ..." Bei anderer Gelegenheit räumte Ottaviani ein, die Botschaft enthalte „viel über die Schwierigkeiten in großen Teilen der Welt, wo der Satan seinen Zorn gegen jene richtet, die heilig sind ... und von wo er selbst im Kleide der Diplomatie und der sanften Sprache des Friedens versucht, seine Herrschaft über die ganze Welt auszudehnen, Länder zu verwüsten, Kreuze, Galgen und Gefängnisse zu errichten ..."

Einige Jahre zuvor hatte Ottaviani ganz besonders auf die Wichtigkeit des Geheimnisses hingewiesen und dazu gesagt: „Der Heilige Vater ... ist der Empfänger. Und wenn sich der Empfänger nicht entschließt zu sagen: der Zeitpunkt ist gekommen, es der Welt bekanntzumachen, müssen wir es seiner Weisheit überlassen, daß es geheim bleibt." Damit hat Ottaviani natürlich völlig recht. Nur darf er sich nicht darüber wundern, wenn die unterschiedlichen und sich widersprechenden Verlautbarungen hoher und höchster kirchlicher Würdenträger darüber schließlich eine Situation geschaffen haben, in der die Verwirrung unter den Gläubigen total geworden ist. Wenn dann auf dem Höhepunkt einer erst dadurch entstandenen Konfusion salbungsvoll erklärt wird, die Fatima-Texte beträfen „nur Ereignisse in Portugal"; darüber zirkulierende Berichte entbehrten „jeglicher Grundlage" oder seien „falsch" und man dürfe ihnen „keinen Glauben schenken"; es handele sich in Wirklichkeit „um innerkirchliche Angelegenheiten" usw., so klingt das wenig überzeugend.

Selbst Radio Vatikan ist da mitunter gesprächiger. So etwa strahlte es am 13. Mai 1977 um 21 Uhr eine Meldung aus, die der Sendeleitung so wichtig erschien, daß sie diese um 23 Uhr des gleichen Abends noch einmal wiederholte. Sie hat folgenden Wortlaut: „Weder Johannes XXIII. noch Paul VI. hielten es bisher für ratsam, der Welt den dritten Teil des Geheimnisses von Fatima zu enthüllen und was die Stuttgarter Zeitschrift „Neues Europa" am 15. Oktober 1963 darüber veröffentlicht hatte, ist weder bestätigt noch direkt widerrufen worden. Wir können uns deshalb nur mit gläubiger Untertänigkeit der väterlichen Umsicht und Weisheit des Heiligen Vaters anvertrauen. **Auf jeden Fall ist gewiß, daß der dritte Teil des Geheimnisses eine besondere Bedeutung enthält, die von der tragischen Wirklichkeit bestätigt wird, worin sich die Welt heute befindet. Hat die Endzeit bereits begonnen? Leben wir schon in der Morgendämmerung der von Johannes prophezeiten Apokalypse?** Wenn die Christen die Barmherzigkeit Gottes mit Liebe bezeugen, sollten sie auch **mutig die Wahrheit der göttlichen Gerechtigkeit hinausrufen.** Geben wir uns nicht der Täuschung hin, gerettet zu sein. **Die Zeit ist gekommen, wo Worte nicht genügen, vielmehr muß gehandelt werden, und zwar sofort, wenn wir wollen, daß die Menschheit und jeder einzelne von uns nicht nur das Feuer sehen wird, sondern auch das Licht!"**

„Fatima-Botschaft enthält endzeitliche Verheißungen"

Ungewollt (?) hob Monsignore Alonso, sonst emsiger Mitstreiter an der Front der Mimikry-Strategie, ein wenig den Schleier um das Fatima-Geheimnis, als er auf „eschatologische Verheißungen" hinwies, die das Dokument enthalte. Allerdings versuchte er, diese Andeutung sofort abzuschwächen und stufte sie als „nicht besonders wichtig“ gegenüber den früheren Offenbarungen (erste und zweite Botschaft) ein. Alonso kennt natürlich die eschatologischen Verheißungen, der größte Teil der breiten Masse jedoch nicht. Wollte Alonso einigen „Eingeweihten“ einen Fingerzeig geben? Die Eschatologie ist nämlich die Lehre von den letzten Dingen und im christlichen Glauben dazu die Lehre vom Weltende und dem Anbruch einer neuen Welt. Sie basiert auf den Verheißungen Jesus, bei seiner Wiederkehr das Reich Gottes zu bringen, und zwar nach oder inmitten von Weltkatastrophen, wobei das ebenfalls in der Bibel verheißene „Tausendjährige Reich“ als Zwischenzustand für die Höherentwicklung der Menschheit angesehen wird.

Wenn der bisher niemals bekanntgewordene Teil der Dritten Botschaft von Fatima aber tatsächlich eschatologische Verheißungen enthält, wie Alonso ausdrücklich versichert; beginnt man zu ahnen, warum alle Päpste immer wieder zögerten, sie öffentlich zu verkünden. Die Bekanntgabe müßte nämlich mit einer Revolution im Sinne einer völligen Erneuerung der Kirche von innen heraus einhergehen und würde in dieser Weise von der Masse der Gläubigen kaum richtig verstanden werden. „Vielleicht haben die verantwortlichen Persönlichkeiten der Kirche deshalb solche Schauer bekommen“, schrieb uns Père Joseph (auf den wir noch zurückkommen werden), „als sie die Texte lasen und die Veröffentlichung des Kernes (der Botschaft) unterließen ... (vielleicht) erschien es ihnen, den Verantwortlichen selbst ziemlich unglaublich ... (denn) **es handelt sich um die Wiederkunft unseres Herrn!“**

Die Wiederkunft unseres Herrn ist nicht nur Angelpunkt der Eschatologie, sondern – so müssen wir aus den Andeutungen Alonsos schließen und Père Joseph spricht es klar aus – das Kernstück der Fatima-Botschaft und deshalb einer der beiden Hauptgründe, weshalb bisher jeder Papst vor einer Veröffentlichung zurückschreckt. Der zweite Grund dürfte der sein, daß darin klare Hinweise auf die Mission von Clemens XV. enthalten sind. Diese Mission ist bereits seit langem vielen der Mächtigen dieser Erde und allen Päpsten seit Pius XII. bekannt.

Im deutschsprachigen Raum weiß man allerdings noch wenig über ihn. Für seine Anhänger ist er der „Papst der Endzeit“. Sie berufen sich dabei ausdrücklich auf den Kern der Dritten Botschaft von Fatima, worin er namentlich verheißen sein soll. Seine vor allem in Frankreich und anderen europäischen Staaten, sowie in den USA und in Afrika fungierenden Jünger sind die „Pater der unendlichen Liebe“, doch sind sie vor allem als die „Apostel der letzten Zeiten“ bekanntgeworden. Seit 1960 residierte Clemens XV. im „Petit Vatican de Marie Corédemptrice“ (Kleines Vatikan von Maria Miterlöserin) im lothringschen Clémery bei Nomény (Frankreich). Dorthin blicken bereits heute hoffnungsvoll Zehntausende von Gläubigen aus vielen Teilen der Welt.

Clemens XV. ist der 1905 geborene Pater Michael Collin. Schon in früher Jugend hatte er göttliche Visionen und hörte himmlische Stimmen, die sein späteres Leben ausschlaggebend beeinflußten. In den nachfolgenden Jahren wurde über unzählige durch ihn vollbrachte „Wunderheilungen“ berichtet und noch heute wird der Sitz der von ihm ins Leben gerufenen „Erneuerten Kirche“ als Gnadenort angesehen, der für unzählige Gläubige zur Wallfahrtsstätte wurde. Seine Berufung zum „Papst der Endzeit“ schildert Pater Collin als Vision, die er am 7. 10. 1950 in der süditalienischen Stadt Sorrent hatte. „Petrus hielt einen goldenen Schlüssel, Paulus aber ein Schwert aus Licht in der Hand. Im Himmel sah er eine große Prozession von Päpsten, Bischöfen und Auserwählten zu Ehren der Hl. Dreifaltigkeit, und sich selbst in der Mitte als kleines Kind. Jesus nahm ihn bei der Hand und leitete ihn zu Gott Vater, der ihn mit einer goldenen Papstkrone krönte ...“

Die von Collin ausstrahlende Charisma ist charakteristisch für seine vom Geist Gottes verliehenen Gaben des Heilens und anderer ungewöhnlicher Fähigkeiten, mit denen Gott solche Menschen auszeichnet, die für besondere Aufgaben berufen werden. Als Beispiel dafür nennen wir den italienischen Franziskanermönch Padre Pio (1887 – 1968), dem unzählige Heilungen und viele andere erstaunliche Phänomene nachgesagt werden. Padre Pio wiederholte gegenüber Priestern der „Erneuerten Kirche“, die von ihm geführt wurden, immer wieder: „Ja, die Mission von Clemens XV. ist wahr.“ Dieser Ansicht schienen auch die Päpste Pius XII. und Johannes XXIII. gewesen zu sein, das jedenfalls geht aus Abschriften und Reproduktionen von Briefen dieser Päpste hervor, die uns vorgelegt wurden. Ermutigende Zuschriften erhielt Clemens XV. von zahlreichen kirchlichen Würdenträgern und Staatsmännern, unter ihnen Erzbischof Casaroli, Kardinal Tisserant, General de Gaulle, Königin von Belgien, Königin der Niederlande, John F. Kennedy, um nur einige wenige anzuführen.

Mit Johannes XXIII. soll Clemens XV. sogar in jahrelangem

engen Kontakt gestanden haben. In einem privaten Schreiben des Papstes an Pater Collin heißt es: „Setzen Sie Ihren Kreuzzug für die Wahrheit und die Liebe Gottes in tiefster Demut weiter fort, wie Sie es schon tun. Sie werden siegen."

Das Leben von Pater Collin bestand in einer niemals abreißenden Kette von Leiden, Anfeindungen und Verfolgungen. Mehr als einmal hatten ihn seine Gegner vor Gericht gestellt, aber seine vom göttlichen Geist durchdrungene Mission trug schließlich immer wieder den Sieg davon. Viele sahen in Clemens XV. einen Gegenpapst, während er selber seine päpstliche Gewalt als vom Himmel erhalten betrachtet, „nicht gegen Pius XII., auch nicht gegen Johannes XXIII., sondern ihnen zur Seite.

Clemens XV. schied im Sommer 1974 aus dem diesseitigen Leben. Einen Nachfolger hat er nicht erhalten, denn für seine Anhänger bleibt er der „Papst der Endzeit", der auch vom Himmel aus die Geschicke der ihm anvertrauten Seelen leitet. Diese aber erwarten die Wiederkunft unseres Herrn im Sinne der eschatologischen Verheißungen, mutmaßlicher Hauptbestandteil der Fatima-Botschaft, was Monsignor Alonso ausdrücklich bestätigt hatte. Dann hätte Pater Collin während seines irdischen Lebens die gleiche Mission erfüllt wie zu biblischen Zeiten Johannes der Täufer (Matth. 3). Wenngleich die „Apostel der letzten Zeiten" fest von diesem Teil der Fatima-Botschaft überzeugt sind, können wir im Rahmen unserer mehr methodischen Untersuchungen die uns dafür überlassenen Unterlagen nur als Anhaltspunkte werten, worauf sich jedoch Aspekte aufbauen lassen, die in diese Richtung zeigen. Auf jeden Fall erscheinen sie uns eine einleuchtende Erklärung dafür, warum die Fatima-Botschaft weiter als Staatsgeheimnis des Vatikans gehütet wird und auf keinen Fall publik werden darf. Außer den bereits beschriebenen Anhaltspunkten haben wir jedoch für diese Annahme noch einige weitere Hinweise.

So etwa fand 1963 in Lourdes eine Großveranstaltung der „Apostel der letzten Zeiten" statt. Diese tragen auf der Brust das rote Wappen ihres Ordens. Zwei von ihnen wurden gelegentlich eines Spazierganges auf der Straße von einem Ordensmann angesprochen, der sie fragte, welchem Orden sie angehörten. „Wir sind vom Orden der ‚unendlichen Liebe' und haben Clemens XV. zum Oberhaupt", wurde ihm geantwortet. Da hob der Ordensmann die Arme zum Himmel und rief aus:

„Ich habe alles verstanden." Dann erklärte er: „Ich bin nämlich Pater Durando und kenne Schwester Lucia (von Fatima) seit siebzehn Jahren, denn ich besuche sie oft. Eines Tages konnte ich mich nicht mehr enthalten, sie zu fragen: ‚Meine Schwester, ich weiß, daß Sie nicht sagen können, was das Dritte Geheimnis enthält. Vielleicht dürfen Sie mir aber einen Hinweis geben, um was es sich handelt?' Nach kurzem Überlegen erwiderte Schwester Lucia: ‚Um das Papsttum!' Dann zeichnete sie ein Wappen auf, das sie mir mit diesen Worten übergab: ‚Verlieren Sie dieses Papier niemals. Tragen Sie es bei sich und wenn Sie irgendwo einmal dieses Wappen sehen sollten, werden Sie alles verstehen.'" Mit diesen Worten holte der Ordensmann ein vergilbtes Papier aus der Tasche. Es war genau das Wappen der „Apostel der letzten Zeiten". Dieses Wappen war viele Jahre zuvor nach einer Vision von Pater Collin gestaltet worden.

Viele Seher und Propheten vergangener Jahrhunderte hatten die Mission von Clemens XV. vorhergesagt. So etwa prophezeite die große Mystikerin und stigmatisierte Nonne Anna Katherina Emmerick (1774 bis 1824): „Durch ein unvorhergesehenes Ereignis werden in Rom große Veränderungen vor sich gehen. Die Kirche wird am Boden liegen. Es hat den Anschein, als hätte Satan sie überwunden. Die Feinde der Kirche werden triumphieren. Doch zu aller Verwunderung war die Kirche schon vorher von den neuen Aposteln, die ich oft sehe und die an der Erneuerung des kirchlichen Lebens arbeiten, an einen anderen Fleck getragen worden, wo sie herrlicher als je zuvor entstanden ist."

Es wäre erstaunlich, wenn Nostradamus die große Sendung von Clemens XV. nicht ebenfalls vorhergesehen hätte. Wir begnügen uns damit, hier einen von mehreren Vierzeilern zu zitieren, der klar auf den „Johannes der Endzeit" hinweist und benutzen dazu die Übersetzung von Dr. Centurio:

Der Wechsel (des Pontifikates) wird mit starken Schwierigkeiten verbunden sein.
Für Stadt und Land (die christliche Welt) wird diese Änderung (moralischen und sittlichen) Gewinn bringen.
Trotz seiner Hochherzigkeit wird der vom Himmel gesandte Weise vertrieben werden, als er sich niederlassen will.
Meer, Land und Volk werden ihren Zustand ändern.

Tatsächlich war Clemens XV. in Italien des Landes verwiesen worden und suchte Zuflucht in Frankreich, wo er ebenfalls mit großen Schwierigkeiten zu kämpfen hatte. Dr. Centurio spricht in seinem 1955 gedruckten Buch bei der Interpretierung dieses Vierzeilers von der „Vertreibung eines neuen Messias“, den er für eine in die Zukunft gerichtete Zeit kommen sieht. Die letzte Zeile des Verses schließlich läßt sich nur als

Das Wappen des Ordens der „Apostel der letzten Zeiten“.

Folge einer gewaltigen Katastrophe deuten, die in der Fatima-Botschaft angekündigt wird. Da Nostradamus die verschiedenen Ereignisse (Schwierigkeiten beim Wechsel des Pontifikates, moralischen und sittlichen Gewinn für die christliche Welt, ein vom Himmel gesandter Weiser wird vertrieben, gewaltige Katastrophen verändern das Gesicht der Welt: Fatima-Botschaft) in einen einzigen Vierzeiler unterbrachte, erkennt man, daß alle diese Geschehnisse in chronologischer Folge zusammengehören, wobei eines ins andere greift.

Die Visionen Clemens’ XV. bestanden nicht nur in Belehrungen und Verkündungen für den Aufbau der erneuerten Kirche, sondern enthielten auch zukunftweisende Offenbarungen, die mitunter als ergänzende Fatima-Botschaft verstanden werden könnten. Eine dieser Vorhersagen wurde im Juli 1971 von dem Journalisten André Glina im ORTF (französischer Rundfunk) verbreitet. Clemens XV. hatte die Vision eines geheimnisvollen Himmelskörpers, der auf die Erde zurast. „Die Wissenschaftler haben ihn bereits entdeckt und möchten ihn mit Atombomben sprengen“, sagte er.

Tatsächlich befaßt sich ein 1981 der US-Regierung vorgelegter NASA-Rapport mit der Möglichkeit eines Zusammenpralles der Erde mit einem Planetoiden, der 1985 in bedrohliche Erdnähe kommen wird. Deshalb empfahl die NASA, Raumfahrzeuge in Bereitschaft zu halten, die sich gegebenenfalls an den Himmelskörper heranpirschen sollen, um ihn mit Wasserstoffbomben auf einen ungefährlicheren Kurs umzulenken.

Schon in den Niederschriften von Jakob Lorber ist von einem geheimnisvollen Himmelskörper die Rede, der als „Feind aus den Lüften angefahren kommen und alles verderben wird, die allzeit Übles getan haben“. Überlieferungen aus dem Altertum berichten von einem „furchtbaren Kometen“, der als „gewaltige Feuerkugel von blutiger Röte“ beschrieben und in alten Schriften „Typhon“ genannt wird. Besonders umfangreiche Untersuchungen darüber und Berechnungen über seine Wiederkehr wurden von Hans Andersen gemacht. Auch die Seherin Veronika Lueken aus New York spricht von einer „riesigen Kugel mit Feuerschweif“, die „schnell auf die Erde zufliegt“. „Tausende von Gläubigen scharen sich im Stadtteil Flushing von New York um eine Frau, die im Trancezustand von Christus und der heiligen Muttergottes kommende Worte verkündet“, schrieb die US-Zeitschrift „The Spotlight“.

Was Nostradamus wußte

Bei unzähligen Gläubigen überall in der Welt werden die durch den Mund von Frau Lueken verkündeten Offenbarungen als erweiterte Botschaft von Fatima angesehen. „Beim Herannahen der aus den Tiefen des Kosmos auf die Erde zuwirbelnde Feuerkugel wird sich der Mond verfinstern“, heißt es in den durch Frau Lueken verkündeten Prophezeihungen. „Feurige Gesteinsbrocken werden explosionsartig abgesprengt und auf die Erde herunterstürzen ... Eine riesige Hitze breitet sich aus ... Städte in großem Feuer ... Leute rennen und stürzen ... die Luft ist schwer und erstickend ... Wellen beginnen sich zu erheben ...“

Auch Nostradamus hatte die mystische Vision eines drohend sich der Erde nähernden Gestirns und deutet sein Erscheinen am irdischen Firmament in mehreren Vierzeilern an, wovon wir hier zitieren:

Der verdunkelte Mond ist in tiefste Finsternis gehüllt.

Sein großer Bruder (der fremde Himmelskörper) mit der eisenroten Farbe zieht vorbei.

Der Große, der lange Zeit im dunkel des Weltalls verborgen war.

Er wird das Eisen festhalten im blutfarbigen Regen (Cent. I/84).

In einer der jüngsten Botschaften aus Bayside schließlich heißt es: „Eine große Finsternis wird kommen, aber ich gebe euch einen Hinweis: Wenn ihr von der Revolution in Rom hören werdet und erfahrt, daß der Nachfolger Petri in einem anderen Land Zuflucht suchen muß, dann ist die Zeit da. Erschrecket nicht ... Alles wird nur von kurzer Dauer sein ..." Diese Prophezeiung deckt sich mit den Vorstellungen des bereits erwähnten Abbé Jean Boyer aus Fatima-France, der schon 1964 von einem den großen Ereignissen vorangehenden Bürgerkrieg gesprochen hatte. Er war dafür vor Gericht gestellt und ins Gefängnis geworfen worden.

Vor zwölf Jahren berichtete DNZ, das die Fatima-Botschaft enthaltende Dokument sei möglicherweise aus dem Vatikan gestohlen worden (vergl. DNZ Nr. 51/69). Tatsächlich scheinen, wie aus uns vorliegenden Informationen hervorgeht, wichtige Schriftstücke im Vatikan verschwunden zu sein. Nach einer Darstellung, die wir der Broschüre „Aktuelle Dokumente über Röm. Vatikan" entnehmen und worin auf dahingehende Veröffentlichungen in englischen und skandinavischen Zeitungen Bezug genommen wird, habe Paul VI. damals Wochen „ziemlicher Angst" durchlebt.

„Tatsächlich kennt der Vatikan den Besuch von Eindringlingen", heißt es in dieser Schrift, „die im Laufe nächtlicher Streifzüge versuchen, in den Besitz von Geheimdokumenten zu kommen ... Die Guerillas, welche in den Vatikan eindringen, gehören nicht zu einem politischen Netz, sondern zu einem privaten ..." Weitere Einzelheiten über den vermutlichen Dokumentendiebstahl gehen aus einem Brief hervor, den Maurice Guignard am 23. 5. '73 an Monsignore Emanuel in Clémery schrieb, der in der gleichen Broschüre abgedruckt ist. Darin heißt es: „Die napoletanische Zeitung ROMA und mehrere englische Zeitungen haben soeben über die Festnahme von drei Telefontechnikern im Vatikan berichtet. Sie erfolgte durch die Geheimpolizei Pauls VI. und wurde von den Herren Valdoni und Alessandrini geleitet ... Die drei Techniker (haben) gestanden, wichtige Dokumente an die Organisation ‚Schwarzer September' weitergeleitet und an dem Diebstahl des Testamentes teilgenommen zu haben, welches Paul VI. ... gemacht hat; sie hätten letzteres den Privatagenten der Gräfin S. übergeben ... Paul VI. ist sehr beunruhigt, denn unter diesen verschwundenen Dokumenten befinden sich 19 Briefe von französischen Bischöfen an Frau Golda Meir und General Mosche Dayan, und Paul VI. hätte sie weiterleiten sollen ... Am meisten bloßstellend ist ein Brief von Elchinger, Bischof von Straßburg, der sich rühmt, von seinem Kollegen in Metz (Msgr. Schmitt) den Wortlaut von Geheimgesprächen zwischen Präsident Pompidou und dem König von Saudi-Arabien zu erhalten ...

Eine Reihe in diesem Brief ebenfalls enthaltene schwere Anschuldigungen gegen

Paul VI. haben wir ausgeklammert, denn wir wollten in Zusammenhang unserer Recherchen über die Fatima-Botschaft lediglich von den vermutlich im Vatikan gestohlenen Dokumenten berichten, weil der Verdacht aufgetaucht war, darunter hätte sich möglicherweise der Umschlag mit dem Fatima-Geheimnis befunden. Wer sich dennoch für den weiteren Briefinhalt interessiert, kann die erwähnte Schrift bei der in der Bibliographie genannten Adresse anfordern.

Beim Lesen solcher Mißstände denkt man fast zwangsläufig an einige aus der Fatima-Botschaft bekanntgewordenen Passagen, worin es heißt: „Selbst in den höchsten Stellen regiert Satan und er wird es verstehen, sogar in die höchsten Spitzen der Kirche einzudringen ..." Wir wollen gar nicht erst Untersuchungen darüber anstellen, auf wen sich diese Worte beziehen könnten. Immerhin möchten wir daran erinnern, daß die Satansfurcht Pauls VI. sein ganzes Pontifikat hindurch wie eine Metapher begleitete und offenbar von solchen und ähnlichen Passagen aus der Fatima-Botschaft überschattet war. Aus seinen vielen Äußerungen darüber zitieren wir, was Paul VI. anläßlich des Jahrestages seiner Inthronisierung 1972 sagte: „Es scheint, daß durch einen Mauersprung der Rauch des Satans ins Gotteshaus eingezogen ist und Unsicherheit und Unzufriedenheit verbreitet hat ..." Zornig wies er mit dem Finger auf die Wissenschaft und rief pathetisch aus: „Von ihr kam der Zweifel an allem, was existiert und was wir kennen ..." Damit hatte Paul VI. zweifellos nicht unrecht, dabei aber die Übeltäter etwas zu einseitig angeprangert. Auf der Suche nach einem Prügelknaben übersah er wohl das Christuswort vom „Splitter im Auge des Bruders" (Lk 6,42).

Einen „Sturm im Wasserglas" lösten im Herbst 1981 einige Vatikan-Kardinäle aus, die – der Zeitschrift „L'Espresso" zufolge – bittere Klage über Johannes Paul II. geführt hätten, weil er sich „mit einer undurchdringlichen Heerschar polnischer Vertrauter umgibt und ... in der alten wie neuen Kurie kein Büro mehr ist, worin nicht wenigstens ein polnischer Würdenträger tonangebend amtiert und dazu das ausdrückliche Recht hat, jederzeit die Privatgemächer des Papstes zu betreten ..." Es wurde von einer „Kurie in der Kurie" gesprochen, „unangreifbar und überaus mächtig".

Die Palastrevolution im Kreise

des päpstlichen Hofstaates ist charakteristisch für eine Situation, die in der Fatima-Botschaft mit den Worten „Kardinäle werden gegen Kardinäle und Bischöfe gegen Bischöfe sein" zum Ausdruck kommt. Eines vor allem wird dabei deutlich: Wojtyla kennt seine Pappenheimer. Er kennt sie so gut, daß er sogar seine Köchinnen und Küchenhilfen aus Polen holte. Diese Vorsorge kommt nicht von ungefähr. Möglicherweise haben sie ihren Ausgangspunkt in den immer noch nicht verstummten Stimmen über den mysteriösen Tod von Johannes Paul I. und den damit verbundenen seltsamen Begleitumständen. Selbst konservative Zeitungen stellten damals die brisante Frage: Wurde Papst Johannes Paul I. vergiftet? Und der französische Schriftsteller Jean-Jacques Thierry begründet in einem Buch die Ansicht, Johannes Paul I. sei das Opfer einer Palastrevolution geworden (vergl. DNZ Nr. 25/81 – Wurde Papst Johannes Paul I. vergiftet?).

In der Fatima-Botschaft wird weiter von einer „allgemeinen Kirchenfeindlichkeit" gesprochen, deren Anzeichen immer deutlicher zutage treten. In theologischen Kreisen wird sie mitunter als Reaktion auf die zeitfremde Handhabung der Struktur kirchlicher Machtpolitik und Selbstherrlichkeit erklärt. So etwa kritisiert Karlheinz Deschner die päpstlichen Sozialenzykliken als „schamlose Augenwischereien", in denen „die Reichen mild getadelt und den Armen fromme Hoffnungen gemacht" werden. In seiner Schrift „Ein Papst reist zum Tatort" zitiert er einen „Papst, dem Millionen ein offenes Vertrauen entgegenbringen", um hinzuzufügen: „Und die Millionäre auch! Die Bankiers werben schon in ganzseitigen Anzeigen mit Gedichten Wojtylas aus seiner polnischen Zeit zugleich für den Papst und die ‚neue Generation von Bankiers'..."

Die große Botschaft von La Salette

Die Muttergottes hatte in Fatima auch von einer anderen Marienverkündung gesprochen: die große Botschaft von La Salette. Diese hatte im vergangenen Jahrhundert heftige Diskussionen ausgelöst, die bis heute nicht völlig verstummt sind. Zu den in Fatima gemachten Verkündungen hat die Botschaft von La Salette eine Reihe erstaunlicher Parallelen. Bevor wir einige Auszüge aus diesen

Texten zitieren, möchten wir zunächst über die Vorgänge in La Salette berichten, wie sie in zeitgenössischen Überlieferungen beschrieben werden:
„Am 19. September 1846 hüteten wie gewöhnlich der elfjährige Maximin Giraud und die fünfzehnjährige Mélanie Calvat am Abhang des Berges von La Salette das Vieh der Bauern, bei denen sie in Dienst standen. Der Himmel war wolkenlos und die Sonne stand klar im Südwesten, es mochte etwa nachmittags drei Uhr sein. Da bemerkten die Kinder plötzlich in ihrer Nähe eine auffallende Helle, der gegenüber die Sonne zu erbleichen schien. Innerhalb dieser Helle bewegte sich ein großes Licht, noch leuchtender als sein Umkreis ... Inmitten dieses Lichtes saß eine Frau ... die in strahlendes Weiß gekleidet schien. Lichtpfeile gingen von ihr aus und über ihrer Stirne flammte eine Krone aus Rosen ... Sie sprach: ‚Fürchtet euch nicht und tretet näher, meine Kinder! Ich bin gekommen, um euch wichtige Dinge mitzuteilen'..." Als sie geendet hatte, forderte sie beide auf, das Mitgeteilte bekanntzumachen. Danach wandte sie sich nochmals einzeln an jedes der beiden Kinder, um ihnen ein besonderes „Geheimnis" mitzuteilen, das jedoch erst 1858 bekanntgegeben werden solle (Anm. d. Verf.: Im Jahre 1858 hatte Maria Bernarda Soubirous (Bernadette) in einer Höhle bei Lourdes achtzehn Marienerscheinungen. Sie wurde 1933 heiliggesprochen – Im Rahmen unserer Berichterstattung können wir nicht auf die vielen Kontroversen eingehen, die in Zusammenhang mit der Botschaft von La Salette innerhalb und außerhalb der Kirche entfachten und vielfach mit ungestümer Heftigkeit ausgetragen wurden. Die Tatsache jedoch, daß die Botschaft von La Salette bis heute – nach 135 Jahren – immer noch nicht vom Vatikan anerkannt worden ist, stimmt immerhin bedenklich.

Noch bedenklicher erscheinen manche Geschehnisse, die sich in diesem Zusammenhang über Jahrzehnte hinweg auf klerikaler Ebene abgespielt haben. Charakteristisch ist dafür das, was Walter Widler berichtet: „Im Juli 1851 hatten die Kinder auf Verlangen des Papstes, getrennt und in Gegenwart von bischöflichen Zeugen, ihre beiden ‚Geheimnisse' niedergeschrieben. Die versiegelten Niederschriften wurden Pius IX. überbracht, der zwölf Abschriften anfertigen ließ. Sein Nachfolger, Leo XIII., gestattete 1879 die Veröffentlichung der Prophetie ... **Die ursprünglichen Dokumente, wie ihre ersten zwölf Abschriften, gingen später im Vatikan verloren; sie gelten noch heute als verschollen.**

Die erste Veröffentlichung der Prophetie erfolgte 1880 durch Bischof Graf Zola unter dem Titel ‚La grande Nouvelle de la Mère de Dieu' (Die Botschaft der Muttergottes) ... Das ‚Geheimnis' des Maximin ist nie im Wortlaut veröffentlicht worden (Anm. d. Verf.: war aber in den ursprünglichen Dokumenten, die später im Vatikan verlorengingen, enthalten); soweit er selbst mündlich gewisse Einzelheiten durchsickern ließ, wissen wir, daß es das der Melanie ergänzte ..."

Am 10. November 1851 wurde ein Hirtenbrief des damaligen Bischofs von Grenoble verlesen, worin es heißt: „Daß es nicht an Gegnern fehlte, ist bekannt. Welche sittliche Wahrheit, ja selbst göttlicher Tatbestand hat keinen Widerspruch erfahren? Um unseren Glauben an eine derartig ungewöhnliche, ohne Voraussetzung eines göttlichen Eingreifens nicht erklärbare Begebenheit zu erschüttern ... hätte es einer entgegengesetzten Tatsache bedurft. Und zwar einer Tatsache, die ebenso außerordentlich und unerklärlich gewesen wäre wie das Ereignis von La Salette, oder welche wenigstens genügt hätte, um sie auf natürliche Weise zu erklären ... Die Erscheinung der allerseligsten Jungfrau ... weist alle Kennzeichen der Echtheit auf, und die Gläubigen sind berechtigt, sie als unzweifelhaft und echt anzusehen. Die Echtheit wird noch erhöht durch die große Zahl von Wundern und Heilungen, die geprüft wurden ..." In der Vatikan-Zeitung „L'Osservatore Romano" war seinerzeit der volle Wortlaut dieses Hirtenbriefes veröffentlicht worden. Damals hatte Kardinal Lambruschini, dem Pius IX. als einzigem die „Geheimnisse" der Kinder mitgeteilt hatte, ausdrücklich betont, daß er an die Echtheit der Erscheinung glaube und keinerlei Einwendungen gegen deren offizielle Bestätigung zu machen habe.

Später geriet die Botschaft von La Salette wieder in Vergessenheit. Das schien dem Vatikan willkommen zu sein, anders wäre nicht zu erklären, warum alle Dokumente darüber spurlos verschwanden. Nur die kirchlichen Akten in Grenoble ruhten immer noch staubbedeckt in den Archiven des Bischöflichen Ordinariats. Zu Beginn der fünfziger Jahre entschloß sich jedoch der prominente französische Historiker Louis Bassette, die wahre Geschichte der Botschaft von La Salette der Vergessenheit zu entreißen. Der Bischof von Grenoble erteilte ihm auch die Genehmigung, Einblick in die Originale der kirchlichen Akten zu nehmen. Als Resultat seiner umfangreichen Nachforschungen erschien 1955 ein Werk von Bassette mit dem Titel „Le Fait de La Salette" (Die Wahrheit über La Salette), wobei viele bisher unbekannte Tatsachen bekannt wurden.

Wer sich mit den Botschaften von Fatima befaßt hat und sie mit der von La Salette vergleicht, erkennt bald viele Zusammenhänge und gegenseitige Ergänzungen, die beinahe lückenlos ineinandergreifen. Darum wird die Botschaft von La Salette von vielen als Vorverkündigung der Fatima-Botschaft angesehen und in dieser selbst auch als solche bezeichnet. Die Übereinstimmung beginnt bereits damit, daß sich die Erscheinung an beiden Orten bescheidenen und einfachen Hirtenkindern zeigte, die einen unverfälschten Kontakt zur Natur und zum Kosmos hatten.

Hier wie da kommt die Mystik der Landschaften hinzu, in denen die Botschaften verkündet wurden, die einmal die Welt bewegen würden und zukunftsweisend endzeitliche Geschehnisse beschreiben, die nach betrüblichen Tagen das Zeitalter einer neuen Welt verheißen.

Der französische Schriftsteller Paul Claudel (1868 – 1955) erinnert sich der Landschaft von La Salette mit tiefer Ergriffenheit und schreibt darüber: „Wenn man die gewaltigen geologischen Verwerfungen des Gargas über La Salette erblickt, an dessen Steilhängen sich in riesigen Windungen die Erdkatastrophen früherer Zeiten abzeichnen, die noch heute im Dämmer der Nacht einen so drohenden Ernst verraten – dann wird einem bewußt, mit welchen geradezu apokalyptischen Farbstrichen der Himmel die Botschaft kommender Katastrophen untermalte, die von hier aus an die Menschheit erging ..." Kardinal Jules Saliège war bei seinem Besuch in La Salette von ähnlichen Gefühlen erfaßt worden, als er sagte: „In La Salette herrscht ringsherum eine Stille, die in Bewunderung, Freude und Hingabe das Gebet aus dem Herzen hervorsprudeln läßt. Wir werden dort von der Gnade gleichsam getragen ... Der eigentliche Zauber des Ortes ändert sich nicht. Es gibt dort eine unsichtbare Gegenwart Gottes, die sich in der Entfaltung der Seele auswirkt ..."

Der Wortlaut der Botschaft von La Salette liegt uns in mehreren Abfassungen vor, die in ihrem Kern völlig übereinstimmen. Da der gesamte Text der Botschaft ziemlich umfangreich ist, begnügen wir uns hier mit der Wiedergabe einiger wesentlicher Passagen. Wir benutzen dabei die von Walter Widler gewählte Fassung (aus „Buch der Weissagungen" – Manz Verlag, München), der sich dabei auf die Schrift von Zola stützt, also auf die erste, vor über hundert Jahren erfolgte Veröffentlichung.

Die Verkündigung der Muttergottes in Salette

Wehe den Priestern und gottgeweihten Personen, die durch ihr schlechtes Leben meinen Sohn aufs neue kreuzigen! ..." heißt es in der Botschaft. „Wehe den Kirchenfürsten, die nur nach Anhäufung von Reichtümern und nach Erhaltung und Festigung ihrer Autorität trachten und mit Stolz regieren. Wehe den Bewohnern der Erde! Gott wird seinen ganzen Zorn ausschütten und niemand wird sich dem entziehen können. Die Führer des Volkes Gottes haben das Gebet und die Buße vernachlässigt und Satan hat ihren Verstand verdunkelt ... Die Menschheit steht am Vorabend der schrecklichsten Geißeln und der größten Ereignisse ... Die Bösen werden alle ihre Bosheit entfalten; man wird sich gegenseitig morden bis in die Häuser hinein ... Beim ersten Schlag des göttlichen Schwertes werden die Berge und die ganze Natur vor Schreck erbeben ... Paris wird niedergebrannt und Marseille verschlungen werden; mehrere große Städte werden erschüttert und durch Erdbeben verschlungen ... Die Jahreszeiten werden sich verändern, die Erde wird nur schlechte Früchte hervorbringen, die Sterne werden ihre Bahnen verlassen. Das Erdinnere wird in krampfhafte Bewegung geraten ... Es wird fürchterlicher Regen und Hagelwetter eintreten, der Blitz wird ganze Städte niederbrennen. Das ganze Weltall wird von Schrecken ergriffen werden. Es verfinstert sich schließlich auch die Sonne, und nur der Glaube allein wird Licht spenden. Die Menschen werden ... nach dem Tod rufen, aber der Tod wird ihnen Qualen bereiten ... Nach allen Seiten wird Blut fließen ... Das heidnische Rom wird verschwinden; drei Städte werden durch Feuer, das vom Himmel fällt, verzehrt werden ... Die

Kirche wird sich verfinstern. Doch da werden auf einmal Hennoch und Elias erscheinen, erfüllt mit dem Geiste Gottes ... Es öffnet sich ein Abgrund ... Siehe das Tier mit seinen Untergebenen, das sich der Erlöser der Welt nennt! Stolz erhebt es sich in die Lüfte, um zum Himmel aufzusteigen. Doch es wird erstickt durch den Hauch des Erzengels Michael und fällt herab. Und die Erde, die sich seit drei Tagen in beständigen Umwälzungen befindet, öffnet ihren feurigen Schlund und verschlingt es ... Schließlich werden Wasser und Feuer die Erde reinigen und alle Werke des menschlichen Hochmutes vertilgen, und alles wird erneuert werden ...

Zum Schluß ergeht eine dringende Mahnung: „Ich rufe auf die wahren Jünger des lebendigen Gottes! Ich rufe auf die wahren Nachfolger Christi! Ich rufe auf meine Kinder, die mir aufrichtig ergeben sind! Ich rufe auf **die Apostel der letzten Zeiten,** die in Armut und Demut leben, in Schweigen und Gebet, in Entsagung und Reinheit, in Vereinigung mit Gott und in Ertragung von Leiden ... Kämpfet, ihr Kinder des Lichtes, die kleine Schar, die ihr sehend seid; die Zeit der Zeiten, das letzte Ende ist da!"

Der Ausdruckskraft dieser Worte haben wir nichts hinzuzufügen. Wir wollen auch gar nicht erst damit beginnen, die allegorische Sprache der Botschaft mit dem flachen Vokabularium unserer Jetztzeit auszudeuten, damit „der letzte Schüler" sie begriffe, denn „sie werden ihre Ohren von der Wahrheit abwenden ..." (2. Tim. 4,4). Dagegen wundern wir uns über die Haltung der Kirche, die an erster Stelle zur Verbreitung solcher Botschaften berufen, wäre, statt dessen aber alles tut, um sie untergehen zu lassen und sie am liebsten übergehen und völlig verwerfen möchte.

Noch vor wenigen Jahren war es geradezu verpönt, unter dem Hinweis auf solche Vorhersagen warnend zur Feder zu greifen. Wer es dennoch wagte, wurde als „Prophet des Unterganges" verspottet. Heute ist es gerade die führende Elite der Wissenschaft, die sich in Weltuntergangs-Prognosen einander überbietet. So etwa berichtet Peter Andreas („Was morgen wahr sein kann" – Econ): „Auf der ‚Pugwash-Konferenz' 1980 warnten 150 Wissenschaftler aus 60 Ländern davor, daß der Rüstungswettlauf und die zunehmende Bewaffnung der bündnisfreien Länder vor dem Ende des Jahrhunderts zu einem großen und katastrophalen Krieg führen werde, wenn nicht Einhalt geboten werde. Die atomare Waffentechnik hat eine solche Verfeinerung erreicht, daß **ein**

großer Teil der Zivilisation zumindest der nördlichen Halbkugel in einer Spanne von fünf Minuten ausgelöscht sein kann . . . In der Tat gibt es inzwischen mehr moderne Doomsday-Prognosen als Bibelstellen über die letzten Tage der Menschheit . . ." (Die ursprüngliche Bedeutung des Wortes „doomsday" ist „Jüngster Tag"; im neueren Englisch bezeichnet man damit eine Katastrophensituation).

Wir möchten dieses Kapitel mit einer weniger bekannten „Doomsday-Prognose" aus der Bibel abschließen, die allerdings kaum jemals von den Kanzeln der Kirchen verlesen oder gar erläutert wird. Sie lautet: „Die jetzigen Himmel aber und die Erde werden durch dasselbe Wort für Feuer aufgespart und bewahrt für den Tag des Gerichtes und des Verderbens der gottlosen Menschen . . . Es wird der Tag des Herrn kommen wie ein Dieb; da werden die Himmel mit Krachen vergehen, die Elemente aber vor Hitze sich auflösen und die Erde und die Werke darauf verbrennen . . . Erwartet . . . die Ankunft des Tages Gottes, an welchem die Himmel in Glut sich auflösen und die Elemente vor Hitze zerschmelzen werden!" (2. P. 3,7 – 12).

Erscheinen diese Bibelworte nicht wie eine schreckliche Silhouette der Botschaften von Fatima und La Salette? Erlangen sie damit nicht die gleiche Aktualität? Apostel Petrus, der diese Worte an „Die auserwählten Fremdlinge in der Zerstreuung" schrieb, wußte, daß sich diese Prophetie nicht so bald – also nicht zu seiner Zeit – erfüllen werde. Gott rechnet mit anderen Maßstäben, darum fügte Petrus hinzu: „Ein Tag vor dem Herrn ist wie tausend Jahre, und tausend Jahre wie ein Tag! . . . und der Herr will nicht, „daß jemand verloren gehe, sondern daß jedermann Raum zur Buße habe . . ." (2. P. 3,9). Schließlich enthält die Petrus-Botschaft, genau wie die von La Salette und Fatima, eine Verheißung: „Wir erwarten aber einen neuen Himmel und eine neue Erde, nach seiner Verheißung, in welcher Gerechtigkeit wohnt . . ." (2. P. 3,13).

Marien-Botschaften überall in der Welt

Während der Warnungsruf von La Salette die einzige Vorverkündung der Fatima-Botschaft blieb, wurden in den Jahren nach Fatima so viele Marien-Erscheinungen bekannt, daß es schwer fällt, sie zu überblicken. Viele davon werden von den Gläubigen der Länder, in denen sie sich zutrugen, als Post-Fatima-Offenbarungen gedeutet. Wir können hier nicht untersuchen, inwieweit das zutreffend ist, zumal die Meinungen darüber vielfach von irrationalen Emotionen getragen werden, denen zwar religiöse Motive zugrunde liegen, was aber dennoch nicht in jedem einzelnen Fall als Ausgangspunkt für die „Echtheit" gewertet werden kann. Wenn wir darum einige davon herausgreifen, geschieht dies zur Abrundung eines Bildes, das wir über die Geschichte der Fatima-Botschaft zusammenzustellen versucht haben, ohne jedoch damit eine Stellungnahme zu verbinden.

Die weinende Madonna von Mortsel (Belgien).

Ebenso ist die Weglassung vieler uns ebenfalls bekannter Marien-Erscheinungen keinesfalls ein Kriterium an diesen. Vielmehr haben wir aus den uns vorliegenden Unterlagen vor allem einige solcher herausgesucht, die ein besonderes Charakteristikum aufweisen oder aber unverkennbare Parallelen zur Fatima-Botschaft haben.

So etwa empfing eine damals vierzigjährige Frau aus Amsterdam, die besonderen Wert darauf legt, namentlich nicht genannt zu werden, in den Jahren zwischen 1945 – 1959 insgesamt 56 Marianische Botschaften und eine Anzahl eucharistischer Erlebnisse, die Mariologen als charismatische Offenbarungen einstuften. In den Amsterdamer Botschaften kommt wiederholt zum Ausdruck, daß der Wille des Vaters und des Sohnes erfüllt werden müsse und Maria als „Frau aller Völker" in die zerrüttete gottlose Welt gesandt sei, um erneut Christus zu bringen und um mit ihrem Gebet den Heiligen Geist auf die Erde herabzuziehen. Eine Anzahl der Botschaften bergen Prophezeiungen, die von Kirche, Welt und Politik handeln.

Ungewöhnlich erscheinen uns die Botschaften der „Weinenden Madonna von Mortsel", einem kleinen Ort bei Antwerpen. Dort erhielt der Angestellte Leon Theunis seit 1972 bereits Hunderte von Botschaften, die vor allem aus Ermahnungen und Appellen an die Menschheit bestehen, gelegentlich aber auch apokalyptischen Charakter haben und an Fatima oder La Salette anklingen. Wir begnügen uns damit, hier einen kleinen Auszug aus den „Offenbarungen von Mortsel“ zu zitieren, worin es heißt: „Die Bewohner der Erde werden vermodern und es werden nur wenige Menschen übrigbleiben ... Die Städte liegen in Ruinen und sind verlassen ... In den Städten wird man nur noch Trümmerhaufen sehen ... Die Schleusen des Himmels sind schon gerüstet ... Die Fundamente der Erde werden erschüttert werden. Die Erde wird sich spalten und bersten, sie wird splittern und brechen, trudeln und taumeln, torkeln wie ein Trunkener und wie eine Hängematte hin und her schlingern ...“

Eine Sonderstellung nehmen die Prophetien ein, die uns der Hellseher Antonio Masin aus Rom zur Verfügung stellte. Es sind keine Verkündungen aus Marianischen Botschaften und wir nehmen sie nur deshalb in unserem Bericht auf, weil sie einige die Fatima-Botschaft betreffenden Aussagen enthält oder diese ergänzt. Masin ist Leiter des Christlichen Zentrums für Parapsychologie in Rom und besitzt ungewöhnliche mediumistische Fähigkeiten, von deren Besonderheit sich der Autor selbst überzeugen konnte. Seine Erkenntnisse erhält er, nach seinen eigenen Angaben, von einem „Lichtwesen aus hoher astraler Ebene“; außerdem habe er gelegentliche mediale Kontakte mit den Geistern großer Propheten vergangener Jahrhunderte, unter ihnen auch Malachias.

Mit ausdrücklichem Hinweis auf die Fatima-Botschaft erhielt Masin am 7. Juli 1977 eine Offenbarung, aus der wir einige Passagen wiedergeben: „Dies wird sich bis zum Jahre 2000 zutragen: Die Menschheit verfällt immer mehr dem Satanismus, Kampf gegen die Religion, Attentat auf den Papst (was sich 1981 in erschreckender Weise erfüllt hatte, doch war die Vorhersage dem Autor schon lange vorher bekannt), gewaltige See- und Erdbeben, riesige Überschwemmungen, Aufruhr der Natur, Seuchen aller Art, Teuerung, Hungersnöte, schwere Unruhen und Bürgerkrieg ... **Aus den Tiefen des Kosmos rast ein Himmelskörper mit einem Durchmesser von etwa zwei Kilometern auf die Erde zu ... Er wird die Erde in etwa 22 000 Kilometern umkreisen; seine Ausstrahlungen sind verderblich für alle Lebewesen der Erde ... Versucht nicht, ihn anzuhalten ... Die Konsequenzen wären für die ganze Menschheit katastrophal ...“**

Einzelne Ereignisse werden chronologisch eingeordnet: 1983/84: Triumph des Antichristen, 1996/98: Zerstörung Roms, 1998/99: weltweiter bakteriologischer Krieg... 2000 = Ende der Zeit des Antichristen..." Für die Zeit nach dem Jahre 2000 wird eine sechshundert Jahre dauernde Friedenszeit verheißen.

Das geschah in Garabandal

In der Geschichte Marianischer Phänomene sind die Marien-Erscheinungen von Garabandal schon durch ihre Vielzahl einmalig in ihrer Art. In den Jahren 1961 bis 1965 trugen sich etwa 2000 Erscheinungen zu, bei denen häufig Botschaften unterschiedlichster Art verkündet wurden. Sie ergingen an vier Mädchen, die damals zwischen elf und zwölf Jahre alt waren. Ähnlich wie in Fatima stand im Mittelpunkt vieler Verkündungen in Garabandal die Aufforderung zur Buße. „Diese Buße kann auch darin bestehen, daß der Mensch die mit der Erfüllung seiner täglichen Pflichten verbundenen Beschwernisse bewußt und ohne zu klagen hinnimmt", sagte die Erscheinung einmal zu den Mädchen, als sie sah, daß diese zum Zeichen der Buße härene Hemden trugen. Das sei nicht damit gemeint. Viel wichtiger sei die freudige Akzeptierung des täglichen Lebens."

Der eigentliche Erscheinungsort liegt etwas außerhalb eines armseligen Bergdörfchens am Ausläufer der Pyrenäen, das, genauer bezeichnet, San Sebastian de Garabandal heißt. Drei große zukünftige Ereignisse wurden von der „Jungfrau Maria vom Berge Carmel" angekündigt. Das erste besteht in einer „weltweiten Warnung, die von jedem Menschen auf dieser Erde gesehen und empfunden wird. Niemand kann sich ihr entziehen und niemand wird hernach den leisesten Zweifel haben, daß sie von Gott kam..."

Über die Art der Warnung schrieb Conchita (eines der Sehermädchen) in ihrem Bericht „(Sie) wird eine Strafe sein, um die Guten Gott noch näher zu bringen und die anderen zu warnen... Worin diese Warnung besteht, kann ich nicht preisgeben... Wenn wir daran sterben, wird es nicht durch das Geschehen der Warnung selbst sein, sondern durch die starke Erregung, die wir beim Anblick und Verspüren der Warnungen empfinden werden... Würde ich nicht auch die nächste Strafe kennen, so würde ich sagen, daß es keine ärgere Strafe als die Warnung geben kann... Diese Warnung wird wie etwas Furchtbares sein, das sich am Himmel abspielt..."

Das zweite Ereignis beschreibt Conchita als „großes Wunder", das bedeutender sein wird, als das Sonnenwunder in Fatima. „Es wird aber nur in Garabandal und Umgebung zu sehen sein ... Kranke, die das Wunder miterleben, werden gesund werden, Ungläubige sich bekehren ...", sagte Conchita. Nach dem großen Wunder, das etwa fünfzehn Minuten dauern wird, bleibt am Erscheinungsort ein dauerndes Zeichen zurück, das im Fernsehen übertragen und fotografiert werden kann, aber man wird es nicht berühren können. Conchita sagte weiter: „Es wird das größte Wunder sein, das Christus jemals für die Menschheit gewirkt hat und es wird nicht der Schatten eines Zweifels bleiben, daß es von Gott kommt ..."

Als drittes Geschehen schließlich wird, wenn nach der Warnung und dem Wunder sich die Menschheit nicht ändert, die große Züchtigung kommen. Dieses Strafgericht wird die ganze Welt erschüttern.

Schon während der Zeit der Marianischen Erscheinungen in Garabandal kam es zu stürmischen Auseinandersetzungen zwischen Gläubigen und klerikalen Behörden über die „Echtheit" der Visionen. Durch den Bischof von Santander und andere Kirchengewaltige ermuntert, schrieb damals „La Gazette del Norte" ironisch über „tausend Erscheinungen eines Engels mit einem Kichererbsengesicht" und das spanische Fernsehen gar meinte, der ganze „Rummel um Garabandal" sei im Grunde „eine Komödie", bei der sich die Seherkinder „ein kleines spaßiges Spiel" erlaubt hätten. In einer bischöflichen Note schließlich heißt es: „Einmal mehr ist es gut, sich daran zu erinnern, daß die wahren Botschaften des Himmels durch die Worte des Evangeliums, der Päpste und der Konzilien sowie durch das ordentliche Lehramt der Kirche zu uns gelangen ..." (sic). In einem offenen Brief schrieb Prof. Sanchez-Ventura dazu: „Dieser Satz bedeutet nichts anderes als eine Ablehnung der Möglichkeit von Erscheinungen der hl. Jungfrau ... und kommt der Behauptung gleich, daß wahre Botschaften nie durch die Vermittlung der hl. Jungfrau kommen können ..., (Es) ist sicher von großer Wichtigkeit ..., wenn wir uns bewußt werden ..., daß ein Teil des Klerus vieler Länder die hl. Jungfrau von jeglicher übernatürlicher Teilnahme am Leben der Menschen ausschließen will ... einige Bischöfe diese These verteidigen ... (und) wir die Atmosphäre kennen, die man in diesem Sinne in bestimmten Konzilskreisen eingeatmet hat und die den Papst (Anm. d. Verf.: Paul VI.) veranlaßt hat, übereilt für Maria den Titel ‚Mutter der Kirche‘ zu proklamieren, in der Absicht, gewisse Gerüchte zu ersticken ...“

Heute, mehr als zwanzig Jahre nach Beginn der Erscheinungen, ist Garabandal längst ein Gnadenort geworden, der alljährlich von Zehntausenden Pilgern besucht wird und immer wieder Stätte vieler Wunderheilungen ist. Unzählige Gläubige aus aller Welt haben sich zwischenzeitlich zu einer machtvollen Garabandal-Bewegung zusammengeschlossen, während die Kirche sich immer noch in Schweigen hüllt. Vor kurzem allerdings wurde bekannt, daß Conchita „inoffiziell“ vom Papst empfangen worden sei. Argwöhnisch, unsicher, aber auch hoffnungsvoll schauen die Gläubigen derweil nach Rom. Wird von dorther die Erleuchtung kommen?

Ernste und bedeutsame Worte enthalten schließlich die Botschaften, die uns aus Bayside erreichen. Ort Marianischer Erscheinungen ist der ehemalige Vatikanische Pavillon auf dem früheren Gelände der Weltausstellung in New York. Dort empfängt die Hausfrau Veronika Lueken seit 1970 Botschaften mit Appellen an die Menschheit und Aufforderungen zur Buße und zum Gebet, aber auch klare Hinweise auf zukünftige Katastrophen globalen Ausmaßes. Die Marien-Erscheinungen halten immer noch an.

Einige Auszüge aus bisherigen Botschaften hatten wir bereits in einem vorhergehenden Teil publiziert. **In einer der jüngsten Verkündigungen heißt es: „Ihr tretet bald in eine äußerst kritische Zeit der Prüfungen ein ... Die Tage, die jetzt kommen, werden großen Mut von euch fordern, aber keiner ist verloren, es sei denn, er verliert sich selbst. Bewahrt Vorräte von gesegneten Kerzen, von Wasser, Decken und Nahrung in eurem Heim ...“**

Um die Seherin von Bayside hat sich ein immer größer werdender Kreis gläubiger Jünger gesammelt. Sie sind davon überzeugt: Diese Verkündigungen sind „Botschaften des Himmels in der Nachfolge Fatimas“. Veronika Lueken erhält jeden Monat an die fünftausend Briefe aus allen Erdteilen. Im Rahmen einer Generalaudienz am 24. 10. 1979 wurden die „Botschaften aus Bayside“ Papst Johannes Paul II. überreicht, der Veronika Lueken und allen ihren Mitarbeitern und Angehörigen seinen besonderen Segen erteilte.

Die Marien-Erscheinungen in Jugoslawien

Nur eine der vielen Marianischen Erscheinungen der letzten Jahre wollen wir noch kurz streifen. Sie begannen am 24. Juni 1981 in dem Dörfchen Medjugorje des bosnischen Jugoslawien. Protagonisten der Erscheinungen waren sechs Kinder einfacher Bauern im Alter zwischen sechs bis siebzehn Jahren. Die Nachricht des Erscheinungswunders verbreitete sich wie ein Lauffeuer, obschon weder Zeitungen noch Radio oder Fernsehen davon berichtet hatten. Im Gegenteil sogar: Die jugoslawischen Behörden taten ihr Bestes, um die Angelegenheit zu unterdrücken. Als wenige Tage nach der ersten Erscheinung bereits Tausende von Pilgern nach Medjugorje wallfahrteten, wurden sämtliche Zugangsstraßen dorthin rigoros gesperrt. Drei Priester wanderten ins Gefängnis und das Ganze entwickelte sich zu einem Problem mit stark politischen Akzenten.

Dennoch wurde die Polizei der Pilgerscharen nicht mehr Herr, die bis zu 50 000 täglich anmarschiert kamen. Sie pilgerten „in kroatischen Volkstrachten und mit der kroatischen Fahne voran, aber ohne den von den Kommunisten vorgeschriebenen roten Stern darin ..." Dabei sangen sie „altkroatische Lieder und malten auf einen Fels: ‚Mutter Gottes, gib uns unseren unabhängigen kroatischen Staat wieder' ..." Auch bei den Marianischen Erscheinungen in Jugoslawien erhielten die Kinder „geheime Botschaften", insgesamt fünf, sagen sie, die sie „nur dem Papst persönlich mitteilen" dürften.

Es ist wenig bekannt, daß sich bereits das von 1512 bis 1517 tagende V. Lateran-Konzil mit dem Thema „Offenbarungen, Prophezeiungen und Endzeit-Verheißungen", soweit sie die Kirche betreffen, befaßte. Damals wurde ausdrücklich beschlossen, daß alle Verkündigungen dieser Art dem Papst vorzulegen sind und dieser alleine über die endgültige Anerkennung entscheidet. Solange sich also der Papst nicht ausdrücklich durch ein von ihm unterzeichnetes Dekret gegenteilig ausgesprochen hat, bleibt es jedem Gläubigen in freier Gewissensentscheidung überlassen, sich eine persönliche Meinung über solche Erscheinungen und Botschaften zu machen. Wir erwähnen das vor allem deshalb, weil bestimmte klerikale Kreise immer wieder versucht haben, durch „Erlasse“ und „Noten“ Gläubige in Gewissenskonflikte zu treiben, wenn sie an Wunder, Visionen oder Offenbarungen glauben, die der Kirche unbequem erscheinen und die sie am liebsten totschweigen möchten. Die bisher letzte diesbezügliche Dekretale des Hl. Offiziums datiert vom 25. 7. 1951 und bezieht sich auf die Marienerscheinungen von Heroldsbach, deren Anerkennung durch diese Maßnahme ausdrücklich abgelehnt wird.

Die in den letzten Jahrzehnten in steigendem Maße zu beobachtenden marianischen Phänomene in vielen Teilen der Welt stellen die Kirche vor Probleme, die zu unterschiedlichsten Meinungsbildungen auch in den eigenen Reihen geführt haben und von immer mehr Gläubigen als unübersehbares Zeichen der Endzeit gedeutet werden. Prof. Sanchez-Ventura ist der Ansicht, „daß die Funken marianischer Erscheinungen in der ganzen Welt heutzutage ein schwer zu umgehendes reales Phänomen sind und man bei allen diesen Erscheinungen gemeinsame Kennzeichen findet...“ Aus tiefster innerer Überzeugung brachte Sanchez-Ventura seiner Gewißheit Ausdruck, **„daß etwas Welterschütterndes in die Nähe rückt, das seit unvordenklichen Zeiten durch die Propheten angekündigt wird...“**

Abseits der verschlungenen Wege um die Ergründung der Wahrheit über die Fatima-Botschaft trug sich im Mai 1981 ein ungewöhnlicher Vorfall zu, der symptomatisch für die Verwirrung mancher Gemüter ist, die nicht weiter am klerikalen Gängelband trotten möchten und schließlich mit einer Kurzschlußhandlung reagieren. Über einen sich aus einer solchen Situation entwickelnden Zwischenfall berichtete „Sonntagspost“ vom 10. 5. 1981: „Der ehemalige Trappistenmönch Lawrence James Dovney (54), ein gebürtiger Australier, entführte ein Flugzeug der irischen Gesellschaft ‚Air Lingus‘ mit 118 Menschen an Bord auf dem Flug von Dublin nach London. Die Maschine landete an der französischen Kanalküste in Le Touquet. Der Entführer forderte, daß vom Vatikan die dritte ‚Botschaft von Fatima‘ preisgegeben werde. Nachdem der Entführer Frauen und Kinder freigelassen hatte, stürmte die französische Polizei in der Nacht die Maschine, der Ex-Mönch ließ sich ohne Widerstand abführen, er hatte keine Waffen bei sich ... (und) wurde in eine Nervenklinik eingeliefert ..."

Beim Lesen der vielen unterschiedlichen Texte der sogenannten „diplomatischen Fassung", denen stets die Publikation Emrichs vom 15. Oktober 1963 zugrunde liegt, ist uns aufgefallen, daß hier eindeutig ein grundlegendes Mißverständnis vorliegt, das anscheinend von bestimmten klerikalen Institutionen ganz bewußt gepflegt und weiterentwickelt wird. Um die „schwache Stelle", worauf das große Mißverständnis beruht, klarer erkennen zu lassen, rekapitulieren wir noch einmal kurz: Bei der dritten Erscheinung am 13. Juli 1917 verkündete die Muttergottes ein Geheimnis, das in drei Botschaften bestand. Die beiden ersten (Höllenvisionen und Weihe Rußlands mit Aufruf zu Buße und Umkehr) sind zwischenzeitlich längst publik gemacht worden, während die dritte Botschaft als „das große Geheimnis von Fatima" immer noch die Gemüter erregt und worüber bisher niemals etwas Offizielles veröffentlicht wurde. **Die von Emrich publizierte Fassung ist jedoch – wir möchten es nachdrücklich betonen – keineswegs Teil der am 13. Juli 1917 verkündeten dritten Botschaft, sondern eine besondere Verkündung, die bei der**

Gnadenkapelle in Garabandal

letzten Erscheinung am 13. Oktober 1917 den drei Seherkindern von Fatima offenbart wurde.

In der ursprünglichen Publikation von Emrich wurde auf dieses Datum (13. 10. 1917) ausdrücklich Bezug genommen. Gleich eingangs des zur Veröffentlichung gekommenen Textes heißt es darum: „Aber du willst ein Zeichen von mir, damit jeder die Worte akzeptiert, die ich der Menschheit durch dich verkünde. Du sahst das Sonnenwunder zusammen mit den Gläubigen und Ungläubigen, den Bauern, Städtern, Weisen, Journalisten, Priestern, Laien;

jeder hat es gesehen und nun verkünde in meinem Namen."
Um keine Verwirrung in den ohnedies bereits genügend verworrenen Tatbeständen entstehen zu lassen, hatten wir diese Passage eingangs nicht mitzitiert; nun aber möchten wir erschöpfender darauf zurückkommen. Erstaunlicherweise fehlt nämlich gerade dieser Passus sowieso in den meisten zur Veröffentlichung gekommenen Abdrucken der Fatima-Botschaft. Warum? Wäre sie Teil des „dritten Geheimnisses", würde sie bereits am 13. 7. 1917 verkündet worden sein. An diesem Tag aber gab es kein Sonnenwunder, vielmehr wurde es für die letzte Wiederkehr der Muttergottes im Oktober verheißen. Hingegen erfolgte am 13. 7. 1917 die Verkündigung der Botschaften, also auch die mit dem „dritten Geheimnis".
Durch die Worte „du sahst das Sonnenwunder ..." besteht aber kein Zweifel daran, daß die nachfolgende Verkündung nicht im Juli, sondern erst im Oktober erfolgte; mit anderen Worten: Sie hat nichts mit der dritten Botschaft, also dem „großen Geheimnis von Fatima" zu tun. Damit aber wird das Geheimnis erst zu einem Geheimnis, und wir können nur versuchen, das dadurch entstandene heillose Durcheinander zu entwirren.

Zunächst einmal stellen wir nachdrücklich fest, daß der Wortlaut der bisher bekanntgewordenen „diplomatischen Fassung" Teil einer Verkündung ist, die den Seherkindern **unmittelbar nach dem Sonnenwunder am 13. 10. 1917** offenbar wurde. **Diese aber war niemals ein „Geheimnis"**, denn es heißt darin nachdrücklich: **„Ich bitte dich, diese Botschaft der ganzen Welt zu verkünden ..." und dazu der Hinweis: „damit jeder die Worte akzeptiert, die ich der Menschheit durch dich verkünde ..." Dieser Aufruf zur Verbreitung der Verkündung wird am Schluß nochmals deutlich wiederholt: „Geh, mein Kleines, und erzähle es jedem ..."**

Was enthielt die 3. Botschaft?

Durch die Verquickung dieser Verkündung mit der dritten Botschaft erst entstand jener Wirrwarr, der bis heute angehalten hat. Pate dabei standen zwei Tatsachen, die ziemlich allgemein bekannt sind: Man weiß, daß am 13. 7. 1917 die dritte Botschaft verkündet wurde, und man weiß, daß das Sonnenwunder am 13. 10. 1917 stattfand. Um die Oktober-Verkündung in die dritte Botschaft (vom 13. 7. 1917) hineinpflanzen zu können, ist irgendwann –

und zwar wohl schon kurz nach der Erstveröffentlichung in „Neues Europa" – der Hinweis auf das Sonnenwunder ausgeklammert worden und wir wollen hier gar nicht erst untersuchen, ob das mit Absicht geschah, um Verwirrung zu stiften, oder aus Sensationslust, um damit die Verkündung auf die Ebene der dritten Botschaft zu verlagern. Vielleicht waren irgendwelche Kreise auch daran interessiert, mit dieser Manipulation von dem tatsächlichen Inhalt der dritten Botschaft abzulenken. Dann hatte dieser Kunstgriff bisher ausgezeichnet funktioniert, denn danach ist der um einen wichtigen Umstand gekürzte Text immer wieder gedankenlos nachgedruckt und in unzählige Sprachen übersetzt worden.

Was aber enthielt die dritte Botschaft dann tatsächlich? Darüber lassen sich wirklich nur Mutmaßungen anstellen. Diesen haben wir in einem früheren Kapitel bereits Raum gegeben und dabei auch die Fakten aufgezählt, worauf unsere Vermutungen basieren. Wenn sie zutreffen – und vieles spricht dafür – wird verständlich, warum der Vatikan die dritte Botschaft unter allen Umständen weiter als Staatsgeheimnis hütet.

Deshalb jedenfalls können die Kirche und Schwester Lucia mit gutem Recht beteuern, daß alle bisher publizierten Auszüge keineswegs Teil des dritten Geheimnisses seien. Wie wir gesehen haben, stimmt das sogar. Daß die Kirche den Irrtum niemals aufklärte und darüber hinaus auch die zusätzliche Botschaft vom 13. 10. 1917 bisher nicht veröffentlichte, obschon es ausdrücklich darin heißt, sie „der ganzen Welt zu verkünden", sei nur am Rande vermerkt. Würde sie es nämlich tun, müßte sie gleichzeitig auch den Trugschluß offenbaren, der durch die Verpanschung der beiden Botschaften entstand und darüber hinaus bekennen, daß es immer noch ein „Geheimnis" gibt. Dessen Bedeutung aber gerät durch unsere Klarstellung mit noch größerer Eindringlichkeit ins Scheinwerferlicht des allgemeinen Interesses.

Bei dieser Gelegenheit möchten wir noch bemerken, daß uns die dem Vatikan nahestehende „Propaganda Mariana" aus Rom noch im Januar 1982 den vollständigen Text der Emrich-Publikation in italienischer Sprache zusandte. Vor einer Reihe von Jahren hatten wir diese Fassung schon einmal von dort erhalten. Wir haben die beiden Schriften miteinander verglichen und stellten dabei fest, daß sie sich nicht einmal um einen I-Punkt verändert haben.

Während unserer Recherchen wurden wir öfter gefragt, ob

denn die über die Welt hereinbrechende Katastrophe mit der Austilgung der Hälfte ihrer Bewohner die einzige Möglichkeit Gottes sein könne, die auf Irrwege geratene Menschheit wieder zur Vernunft zu bringen. Daß die Menschheit selber in freiem Willensentschluß durchaus die Möglichkeit hätte, ihre Irrwege zu verlassen, haben die Fragesteller dabei allerdings nicht bedacht. Selbst bei sonst gläubigen Christen schwang in der weiteren Frage „Wie kann Gott das zulassen?“ ein leichter Vorwurf mit, der sogar einen mißbilligenden Unterton annahm, wenn sie ergänzten: „Ist ER ein Gott der Rache?“

Auch wir haben uns mit diesen Fragen befaßt. Es käme uns aber zu simpel vor, wollten wir nach der Methode von solchen Fragen überforderter Männer der Kirche mit „frommen Sprüchen“ antworten. Halten wir statt dessen zunächst einmal eine kleine Rückschau auf die Entwicklung unserer derzeitigen Situation und fragen dann zurück: Was unternahmen die Menschen, um diese Entwicklung in günstigere Bahnen zu lenken? Haben sie jemals eine einzige der vielen ernsten Aufforderungen besorgter Zeitgenossen beherzigt, worin ihnen der Werdegang der Dinge eindringlich vor Augen geführt wurde? Oder reihten sie sich lieber in den Chor derer, die „alles halb so schlimm“ ausriefen? Ist es Gott, der die Menschen straft, wenn diese zügellos, unersättlich und schließlich verblendet weiter den Weg ins Verderben gehen, der notwendigerweise in eine Katastrophe führen muß?

Gott sagt uns mit seinen Botschaften, was kommen **kann,** wenn die Menschheit nicht zur Umkehr findet. Das sagte er schon den Niniviten durch den Propheten Jona. Er gab ihnen aber eine Frist zur Umkehr und die Bibel berichtet darüber: „Auf Befehl des Königs und seiner Großen ... sollten die Menschen sich abwenden, ein jeder von seinem bösen Wege und von dem Unrecht, das an seinen Händen klebt ...“ (Jona 3,7–8). Tatsächlich entging Ninive so der vorher angedrohten Zerstörung.

Würde heute einer der „Großen“ zur Umkehr auffordern, würde ihn das Volk verlachen, und mit seiner Wiederwahl sähe es schlecht aus. So erging es bereits – nur um ein Beispiel aus unzähligen aufzuführen – dem damaligen Minister Ludwig Erhard Anfang der sechziger Jahre, als er den Deutschen das Maßhalten nahelegte, weil er die im Zuge der Wohlstandswelle hemmungslos wuchernde Maßlosigkeit einer konsumüberfütterten Gesellschaft als Anzeichen einer unheilvollen Dekadenz und die damit beschrittene Straße des Unheils klar erkannte. Erhard wurde indessen mit Hohn und Spott übergossen.

Nicht viel besser erging es U Thant, dem Generalsekretär der Vereinten Nationen, als er 1969 nüchtern feststellte: „Ich will die Zustände nicht dramatisieren, aber nach den Informationen, die ... mir zugehen, haben nach meiner Schätzung die Mitglieder dieses Gremiums noch etwa ein Jahrzehnt zur Verfügung, um ihre alten Streitigkeiten zu vergessen, um eine weltweite Zusammenarbeit zu beginnen, um das Wettrüsten zu stoppen, den menschlichen Lebensraum zu verbessern, die Bevölkerungsexplosion niedrig zu halten und den notwendigen Impuls zur Entwicklung zu geben. **Wenn eine solche weltweite Partnerschaft innerhalb der nächsten zehn Jahre nicht zustande kommt, so werden, fürchte ich, die erwähnten Probleme derartige Ausmaße erreicht haben, daß ihre Bewältigung menschliche Fähigkeiten überschreitet ...“**

Das war 1969! Wohin der Weg ging, zeichnete sich bereits 1972 auf der in Stockholm tagenden internationalen Umweltschutzkonferenz ab. Zwar fehlte es nicht an schönen Versprechungen, die aus den Lautsprechern rieselten und in schönfärberischen Druckschriften stilisiert wurden, doch herrschte bei den Veranstaltern im großen und ganzen Einmütigkeit darüber, sich um die wirklichen Ursachen der weltweiten Umweltzerstörung herumzudrücken. Mit anderen Worten: Für die erschreckten Zeitgenossen war eine große Show aufgezogen worden und im übrigen wurde alles beim alten belassen. An dieser Strategie hat sich bis heute nichts geändert, eher wurde sie vervollkommnet. Welche Zukunft damit der Menschheit in Bälde auch dann bevorstehen wird, wenn es zu keinem Atomkrieg käme und keine kosmische Katastrophe eintreten würde, brachte Prof. Wilhelm Langer, Fachmann für Abfallbeseitigung im Bundesgesundheitsamt, einmal mit einer Kurzformel zum Ausdruck: „Ich möchte nicht mein Enkel sein.“

Sind Katastrophen Folgen menschlicher Irrwege?

Heute hat die globale Abnahme des Sauerstoffgehaltes der Luft bereits beängstigende Konturen angenommen. Hauptursache dafür sind der Raubbau an den Waldbeständen der Erde, die weltweit zur Versteppung und Wüstenbildung in bedrohlichen Ausmaßen geführt hat; und dann die Verunreinigung der Ozeane, wodurch die sauerstofferzeugenden Meeresalgen allmählich vernichtet werden. Gleichzeitig nimmt die Radioaktivität in der Atmosphäre erschreckend zu. Dadurch verändert sich die Ionisation in der Hochatmosphäre, worin sich die Großwetterlagen bilden. Die Folgen davon sind die seit Jahren zunehmenden Wetterkatastrophen, während in anderen Gegenden der Welt seit Jahr und Tag überhaupt kein Regen fällt und einst fruchtbare Gebiete veröden. In Spanien beispielsweise mußten 1981 Zehntausende Kühe, Schafe und anderes Nutzvieh notgeschlachtet werden, weil die Weiden verdorrt sind. In Sizilien gar wurde im Januar 1982 der Notstand ausgerufen. Es hatte seit über einem Jahr kaum geregnet, die Flüsse waren versiegt und die Wasserwerke liefern nur einmal alle 14 Tage für ein paar Stunden etwas Wasser aus kargen Vorräten. Alleinbesitzer aller unterirdischen Wasseradern ist die Mafia und das Milliardengeschäft mit dem „Petroleum der Scheiche von Palermo" (in Klardeutsch: dem Wasser der Mafia) rollt. In wiederum anderen Regionen des Globus werden Wälder und Fluren mit „saurem" (d. h. stark schwefelhaltigem) Regen berieselt, der das vernichtet, was dem industriellen „Fortschritt" noch nicht zum Opfer fiel.

Als Folge der unaufhaltsam ansteigenden Industrialisierung nimmt der Gehalt an Kohlendioxyd (CO^2) zusammen mit vielen anderen Giftstoffen in der Atmosphäre in immer bedenklicheren Mengen zu und die „Produktion" des hochgiftigen Kohlenmonoxyd (CO) hat mittlerweile die astronomische Menge von 1600 Milliarden (eine dreizehnstellige Zahl) Kilogramm pro Jahr erreicht. Über große Teile Westdeutschlands hing im Januar 1982 eine tödliche Smog-Glocke. Überall kippten die Menschen bewußtlos um und alleine in München mußten die Notärzte 7400mal zur Hilfe eilen, in vielen Fällen allerdings zu spät. Ohnedies sind alle Krankenhäuser seit langem überbelegt, die stets gefüllten Warteräume der überforderten Ärzte sind symptomatisch für den Gesundheitszustand der Bevölkerung und trotz der vielgepriesenen Methoden in Früherkennung und Therapien stirbt jeder Vierte an Krebs.

Mit der gnadenlos steigenden Vergiftung von

Wasser, Luft und Atmosphäre geht die Verseuchung von Grundwasser und landwirtschaftlichem Boden im Galopptempo einher. In den letzten zwei Jahrzehnten starben einige hundert Tierarten aus und die Zahl der vom gleichen Schicksal bedrohten Gattungen ist noch weitaus größer, alles im Namen der Baals-Gottheit „Fortschritt". Wir wollen hier nicht dramatisieren, denn die Wirklichkeit ist grauenvoll genug. Weitaus grauenvoller noch sieht aber die sich daraus entwickelnde nächste Zukunft aus. Sie wäre eine Zukunft ohne Hoffnung, würde Gott die Menschen weiter schalten und walten lassen, bis sie den letzten Zipfel gesunden Lebens zerstört haben und dann zu Gott rufen: „Warum tust du uns das an?"

Würde Gott weiter tatenlos zusehen, würde nicht „die Hälfte der Menschheit" vernichtet werden, sondern in sehr absehbarer Zeit alles Leben auf Erden ausgelöscht sein. Nun fragen wir die Frager: Soll Gott das zulassen?

Hören wir, was andere dazu sagen: „Die Abwendung einer reuelosen Generation von Gott und der Mißbrauch der Naturkräfte drohen die Selbstvernichtung unseres Planeten herbeizuführen", meint Hans Andersen und fährt fort: „Damit überschreitet der Mensch den Freiheitsspielraum, der ihm nach kosmischen Gesetzen zusteht, in den auch höhere Mächte nicht eingreifen dürfen. Die Menschheit wird es bald soweit gebracht haben, daß ein Eingriff von oben unvermeidbar wird . . ."

Jürgen Halle stellt fest: „Die Menschen unserer Zeit können eine Umkehr von sich aus nicht mehr finden; es bedarf einer Katastrophe schlimmster Art, um in ihnen die Erlebnisfähigkeit und damit die Bereitschaft zu einer Wandlung zu wecken. Wenn man sich die Folgen unserer wirtschaftlichen Entwicklung für Mitmenschen und Umwelt vor Augen hält und wenn man bedenkt, daß die Betonierung der Natur . . . sich immer tiefer ins Land frist, daß die Müll- und Abfallhalden wachsen, daß die Autos die Straßen blockieren, die Treibstoffe der Flugzeuge den Himmel vernebeln, daß die Selbstüberschätzung des Menschen als ‚Krone der Schöpfung' jede noch in die Jetztzeit hinübergerettete Lebensgemeinschaft von Tieren und Pflanzen zerstört und ... die noch freilebenden Tiere vernichtet, dann wird uns klar, daß die Natur sich dagegen zur Wehr setzen muß ..."

In den Niederschriften des vor 120 Jahren verstorbenen steirischen Mystikers Jakob Lorber sind viele Hinweise auf die kommende Endzeit enthalten. Der in bescheidenen Verhältnissen lebende Musiklehrer Jakob Lorber schrieb 24 Jahre lang über 20 000 Manuskriptseiten nach dem Diktat einer „inneren Stimme", die sich ihm als Stimme Christi offenbarte. Darin heißt es: „Bald nach jener Zeit der höchsten Industrialisierung wird es auf Erden für das Leben der Menschen sehr übel auszusehen anfangen, denn die Erde wird unfruchtbar werden ... Es werden sich die Anzeichen furchtbarer Katastrophen mehren ... Es wird eine große und allgemeine Not, Elend und Trübsal eintreten, wie die Erde eine größere noch nie gesehen hat ..."

„Das alles wird zugelassen werden", heißt es dann weiter, „um die Menschen von ihrer Hochmut, von ihrer Selbstsucht und ihrer großen Bequemlichkeit abzuwenden ... Ich mache deshalb die Völker durch Not nüchtern und reiße sie aus dem Wahn heraus, daß die weltliche und dem Genuß strebende Sucht das erste sei, was der Mensch suchen müsse ... Wenn alle diese unglücklichen Ereignisse über die Menschheit hereinbrechen werden, wer ist dann schuld daran?"

Aufschlußreich ist auch eine Schrift des rätselhaften Zirkular-Rates Nom-Khan, der Enthüllungen eines tibetanischen Lehrmeisters enthält, aus denen wir hier zitieren: „Nur diejenigen, die wirklich ihre menschlichen Brüder lieben, können die Unvermeidbarkeit der Dinge erfassen, die vollbracht werden müssen, um der jetzigen Schreckensherrschaft ein Ende zu setzen und damit das neue Gesetz des Friedens zu verkünden ... Der Krieg ist nur ein Aspekt des Wandels und ist tief in der Materie verwurzelt ..."

Das „Ende der Schreckensherrschaft" und „das neue Gesetz des Friedens" sind hoffnungsvolle Aspekte vieler apokalyptischer Prophezeiungen, die darin als tröstliche Verheißungen aufleuchten. Ihre Träger sind die

Die Apokalyptischen Reiter (Off. 9,17). Künstlerische Darstellung des brasilianischen Malers Vito Campanella.

„Apostel der letzten Zeiten", die nach der Botschaft von La Salette „ausziehen, um die Welt mit Licht zu erfüllen . . .", das sie „in diesen Tagen der Drangsale erleuchtet . . .", denn „alles wird erneuert werden". Dieser Aufruf an die „Apostel der letzten Zeiten" klingt in der Fatima-Botschaft erneut auf, und „wenn die, die alles überstehen, noch am Leben sind, wird man erneut nach Gott und seiner Herrlichkeit rufen und Gott wieder dienen, wie einst, als die Welt noch nicht verdorben war . . ." Bei Jakob Lorber liest man: „Es wird dann nur eine Kirche geben und ein Hirte und eine Herde sein . . .", dann wird eine geistige Erweckung der Menschen stattfinden, „die von einem Ende der Welt zum anderen hinwälzt . . ."

Schon Nostradamus spricht von jener „honigsüßen Zeit" der „Gesundheit, großer Ernten und Heiterkeit", in der die mit dem biblischen „Harmagedon" (Offb 16,16) zerstörten Gebäude mit „Marmorziegeln wieder aufgebaut werden" (X, 89). Das sind die von Nostradamus verheißenen freudvollen Jahre unter „Heinrich dem Glücklichen", in denen dieser, zusammen mit einem großen Papst, die Weltgeschicke mit gesegneter Hand lenken und leiten wird.

Nur im Anfang „nach jenen Tagen der Trübnis" werden die Menschen es schwer haben, sicherlich weitaus mühevoller noch, als in den Jahren nach dem Zweiten Weltkrieg. „Ein Kreuz erscheint am Himmel", heißt es in einer Prophezeiung von Kugelbeer. „Das ist das Ende der Finsternis . . . Es fahren weder Eisenbahnen noch Schiffe, noch Autos in der ersten Zeit. Die Fabriken liegen still. Das rasende Tempo früherer Zeit hat aufgehört . . ."

„Eine schwere Zeit muß durchstanden werden", sagt Hans Andersen. „Überraschende Ereignisse des Weltenschicksals werden uns dabei neue Zuversicht geben, daß aus zeitweiligem Chaos doch letztendlich eine bessere Gesellschaftsordnung hervorgehen kann ..." Auch Johannes XXIII. sprach von einem Lichtblick, als er sagte: „Es scheint uns, inmitten der Finsternis nicht unbedeutende Anzeichen wahrzunehmen, die einen Hoffnungsstrahl auf das Schicksal der Kirche und der Menschheit werfen ..."

Noch klarer sprach es Jesus aus: „Dann wird das Zeichen des Menschensohnes am Himmel erscheinen, und dann werden alle Geschlechter der Erde sich an die Brust schlagen und werden des Menschen Sohn kommen sehen auf den Wolken des Himmels mit großer Kraft und Herrlichkeit ..." (Matth 24,30). Das ist die Stunde der „Wiederkehr des Herrn", die von den „Aposteln der letzten Zeiten" verkündet wird. Ist diese Verheißung das Kernstück des „Geheimnisses von Fatima"?

Wann wird sich das alles vollziehen?

Immer wieder unternahm der eine oder andere den Versuch, den Ablauf der auf die Menschheit zukommenden Ereignisse datenmäßig zu ergründen und festzulegen. Sie haben sich alle geirrt und werden sich weiter irren, denn „um jenen Tag aber und die Stunde weiß niemand, auch die Engel im Himmel nicht, sondern allein mein Vater ..." (Matth. 24,36) und zu Daniel antwortete der Herr: „Diese Worte sind verborgen und versiegelt bis auf die letzte Zeit ..." (Dan. 12,9).

Sollte uns dieses Wissen nicht genügen? Eines auf jeden Fall wird immer deutlicher erkennbar: Die jetzt lebende Generation ist dazu ausersehen, das Fatum des Weltengeschehens zu

Der Seher von Patmos.

Gemälde von Carlo Dolci (Uffizi Florenz).

tragen. Zugleich aber ist sie berufen, die Grundlagen einer neuen Geisteskultur und einer besseren Gesellschaftsordnung für kommende Geschlechter und für ein neues Zeitalter des Friedens zu legen, denn „die Erde wird fortbestehen ... und wird meine helleren Kinder tragen; nur der sehr überhand genommene Unflat wird von ihr entfernt werden ...“ Darum ist die Fatima-Botschaft zwar als Verkündung großer Umwälzungen zu verstehen, darüber hinaus aber vor allem als tröstliche Verheißung einer hoffnungsvollen und glücklicheren Zukunft für die gesamte Menschheit.

Bibliographie

1. Luigi Moresco: „Die Madonna von Fatima“, aus dem Italienischen übersetzt von J. N. Edenharter, München 1945

2. Gonzaga da Fonseca: „Maria spricht zur Welt“ – Freiburg-Schweiz 1973

3. Maurizio Blondet: „Fatima“ – Eine Reportage der ital. Zeitschrift GENTE in Nr. 51-52/78 und 1-3/78

4. Père Joseph de la Trinité: „Endzeit“, Schrift des „Petit Vatican de Marie Coredemptrice“, Clémery – Nomény (Frankreich)

5. P. Luis Kondor: „Schwester Lucia spricht über Fatima“ (aus dem Portugiesischen), Fatima 1975

6. P. Joseph Wegener: „Fatima – Geheimnisse, Wunder und Gnaden“, Steyler Missionsbuchhandlung GmbH, Kaldenkirchen

7. P. Hermann Netter: „50 Jahre Fatima“ (Freiburg i. Br. 1966)

8. Joseph Hanauer: „Fatima-Erscheinungen“ und „Botschaften“, Bock + Herchen Verlag, Bad Honnef

9. Ferdinand Baumann: „Fatima und die Hoffnung der Welt“, Kevelaer 1952

10. Peter Andreas: „Was morgen wahr sein kann“ – Econ, Düsseldorf

11. „Die Welt“ Nr. 125/77

12. Louis Emrich „Die dritte Botschaft von Fatima“ Verlag „Neues Europa“, Stuttgart

13. Renzo Baschera: „I Messaggi Profetici del Papa Buono“ Casa Editrice MEB, Turin (Italien)

14. „Betendes Gottesvolk“ Nr. 126/81: „Gerüchte über das Dritte Geheimnis von Fatima“

15. „Stimme des Glaubens“ Nr. 10/81

16. Dan Claude: „Lucie racont Fatima“ (Fatima Edit. DDB. Résiac)

17. Voldben: „Nostradamus und die großen Weissagungen“, Langen-Müller Verlag, München

18. W. F. Posselt: „Eine große Bestrafung wird über die Menschheit kommen“ – BILD-Zeitung vom 14. 10. 78

19. Corrada Balducci: „Profetia e Realtà“ L'Osservatore della Domenica Nr. 41/78

20. „Propaganda Mariana“ di Maria Stella, Via Acciaolo 10, I-00186 Rom

21. Prof. Dr. Hans Bender: „Die ‚Marienoffenbarung‘ von Fatima“ Zeitschrift für Parapsychologie und Grenzgebiete der Psychologie, Freiburg, Nr. 3-4/1981

22. Monsignor Marie-Emanuele: „Die Wahrheit über die Kirche der Glorie unter dem Pontifikat von Papst Clemens XV.“, Edition wie Pos. 4.

23. „Das Wort“, Jan./Febr. 1979, „Blicke in die Zeit“

24. „Aktuelle Dokumente über Röm. Vatikan“, Edition wie Pos. 4

25. „Flos Florum – Jesus Christus – Summum Pontifex“, Ed. wie Pos. 4

26. Mitteilungen von Pére Joseph an den Autor

27. MAZ 14./15. 2. 81 „Gefahr aus dem All kann gebannt werden“

28. „Maria und Clemens XV. warnen die Welt“, Edition wie Pos. 4

29. Kurt Eggenstein: „Der Prophet Jakob Lorber“, Jakob Lorber Verlag, Bietigheim/Wttbg.

30. Hans Andersen: „Polwende – Zeitenwende“, Verlag Moester Fürth

31. „Die Stimme Mariens“, Appenzell

32. Walter Widler „Buch der Weissagungen“, Manz Verlag München

33. Alma Holgersen: „Das Buch von La Salette“, Verlag Herold Wien

34. Johannes Maria Höcht: „Die große Botschaft von La Salette“, Paul Pattloch-Verlag, Aschaffenburg

35. Josef Franz Kürzli „Die Botschaften der Frau aller Völker“, Miriam Verlag, Jestetten

36. Leon Theunis: „AMU – Ik ben Uw aller Moeder – Koningin van de wereld“, Selbstverlag Leon Theunis, Berthoutstraat 1, Mortsel-Belgien

37. Heinz Kopf: „Die Ereignisse in Garabandal“, Selbstverlag Heinz Kopf Altach-Vorarlberg (Österreich)

38. Franz Speckbacher „Garabandal“ – Mediatrix-Verlag AG., Wien

39. „La Domenica del Corriere“ Nr. 38-40/81 – Reportage des Journalisten Gianfranco Fagiuoli

40. „Der Spiegel“, Nr. 41/81 „Stern auf der Stirn“

41. Jürgen Halle: „Zukunft ohne Hoffnung“, Verlag Universal-Service Bentzien, Köln

42. Serge Hutin: „Unsichtbare Herrscher und geheime Gesellschaften“ Verlag der Europäischen Bücherei, H. M. Hiernimi, Bonn

43. Dr. N. Alexander Centurio: „Nostradamus – Prophetische Weltgeschichte“ Turm Verlag, Bietigheim/Wttbg.

44. Adalbert Schönhammer: „Psi und der Dritte Weltkrieg“, Rohm Verlag, Bietigheim/Wttbg.

45. Albert Speer „Erinnerungen“ – Propyläen-Verlag, Berlin

46. Walter Lutz: „Die Grundfragen des Lebens“, Jakob Lorber Verlag, Bietigheim/Wttbg.

47. Sandro Magister: „I Cardinali Italiani contro il Papa" „L'Espresso" Nr. 41/81

48. Karlheinz Deschner: „Ein Papst reist zum Tatort", Hoffmann und Campe Verlag, Hamburg

49. Franco Tintori „Sono ventuno i padroni dell' acqua di Palermo", Reportage in „Paese Sera" vom 15. 2. 82

Inhalt

Weitere Werke über die Zukunft der Menschheit

NOSTRADAMUS

von Dr. N. Centurio

Die „prophetische Weltgeschichte“ des Nostradamus reicht von 1552 bis 3797 n. Chr. Dieses Werk ist eines der bedeutendsten und aufschlußreichsten über Nostradamus. Viele bisher nicht geklärte Centurien hat der Autor, ein hervorragender Nostradamus-Forscher, Historiker und Philologe, entziffert und den kommenden Jahrzehnten sensationelle Prognosen weltpolitischen Geschehens gewidmet.
8. Auflage, 292 Seiten.

DURCHBRUCH ZUR ZUKUNFT

von Alfons Rosenberg

Wir sind in ein neues Weltalter eingetreten. Eine erdweite Umwälzung der Gesinnung, der Erkenntnisweisen und der Lebensformen hat sich vollzogen. Die technischen Konsequenzn dieser geistigen und materiellen „Weltrevolution“ lassen sich bereits absehen. Wie aber wird sich diese auf den Menschen selber auswirken? — Hier liegt ein ebenso spannender, kühner wie wohlbegründeter Bericht über die „Zukunft des Menschen“ vor.
2. Auflage, 262 Seiten.

NAHE AN 2000 JAHRE

von M. Kahir

Sämtliche großen Prophezeiungen sind in dieser grandiosen Zukunftsschau enthalten, alle Aussagen der großen Seher aus Vergangenheit und Gegenwart, z. B. Joachim von Fiore und die Drei-Zeiten-Lehre-Malachias und die große Päpsteweissagung-Paracelsus-Nostradamus-Alois Irlmeier-Katharina Emmerich-Stromberger-Matthias Pregel-Mühlhiasl-P. O. Hesse u. a.
Wir erhalten hier ein Bild der Zukunft und sind vorbereitet auf das, was kommen wird. Am Ende sehen wir, daß neben dem Untergehenden alle echten Geisteswerte weiterbestehen, die nach einer Zeit des Leides ein neues Menschheitserwachen bringen werden.
3. Auflage, 340 Seiten.